2주 동안 배우는 사도신경 학교

믿음이란 한 알의 밀알이 땅에 떨어져 죽음으로 많은 열매를 맺음과 같이 진리의 열매를 위하여 스스로 죽는 것을 뜻합니다. 눈으로 볼 수는 없으나 영원히 살아 있는 진리와 목숨을 맞바꾸는 자들을 우리는 믿는 이라고 부릅니다. 「믿음의 글들」은 평생, 혹은 가장 귀한 순간에 진리를 위하여 죽거나 죽기를 결단하는 참 믿는 이들의, 참 믿는 이들을 위한, 참 믿음의 글들입니다.

2주 동안 배우는 **사도신경 학교**

임영수 지음

홍성사

머리말

사도신경은 기도문이나 교리가 아닙니다. 사도신경은 우리의 역사와 삶 가운데 현존하시는 하나님에 대한 고백입니다. 우리는 하나님이 안 계시는 세상에서 사는 것이 아니라 하나님이 계시는 세상에서 살고 있습니다. 우리 가운데 계시는 하나님은 사도신경의 내용에 기록되어 있는 바와 같이 천지를 만드신 분입니다. 하나님은 유일한 아들 예수 그리스도의 삶, 십자가, 죽음, 부활을 통해 우리에게 자신을 알리셨고, 성령으로 우리 안에서 새 창조의 일을 해 가고 계십니다.

그러나 누구나 다 하나님을 믿고 고백할 수 있는 것은 아닙니다. 특별히 하나님의 은혜 가운데 있는 사람만이 믿고 고백할 수 있습니다. 하나님에 대한 고백은 우리 자신의 삶과 밀접한 관련이 있습니다. 우리가 어떤 사람으로 되어 가며, 어떤 삶을 살아가느냐 하는 문제는 우리의 신앙고백과 밀접한 관련이 있습니다. 하나님에 대한 앎과 고백이 분명해질수록 우리의 삶은 인간다워지게 됩니다.

우리는 문제가 많은 삶의 현장에서 하나님의 살아 계심과 하나님의 인도하심을 경험하며 살아가게 됩니다. 우리는 현실의 삶 속에서 하나님께 예배할 때, 우리 삶의 현장에서 경험한 하나님을 살아계시는 하나님으로 고백하게 됩니다. 우리의 고백은 날마다 반복되지만 어제의 것과는 다른 고백입니다. 우리가 고백하는 하나님은 늘 새롭게 알아 가고 경험해 가는 하나님이십니다.

그런 의미에서 사도신경은 우리가 고백할 때마다 언제나 새로운 내용이 되곤 합니다. 우리가 사도신경을 주문처럼 고백함으로 구원을 얻는 것이 아닙니다. 이미 구원받은 사람들이 그 구원의 하나님을 삶의 현장에서 새롭게 알아 가면서 그분에 대한 고백을 하게 됩니다.

필자는 사도신경을 15회에 걸쳐 주일예배에서 설교했습니다. 그리고 이번에 그 내용을 정리하고 검토하여 한 권의 책으로 내놓게 되었습니다. 필자의 사도신경 설교를 도와주신 분은 스위스 바젤 대학 신학부의 은퇴 교수인 로흐만(Jan Milic Lochman) 박사입니다.

필자가 바젤에 머물 때 그곳에서 공부하고 있던 하은규 목사와 그를 방문한 적이 있습니다. 그때 그가 자신의 저서 몇 권을 서명해서 제게 주었습니다. 그중 하나가 《사도신경 강해》였습니다. 필자는 그의 《사도신경 강해》를 읽으며 많은 감동을 받고 주일설교를 시작하게 되었습니다. 그렇다고 해서 이 책《2주 동안 배우는 사도신경 학교》가 로흐만 박사의 저서를 번역하거나 그 내용을 요약한 것은 아닙니다. 다만 필자의 사도신경 강해가 로흐만 박사의 신학적 견해를 벗어나지 않고 있다는 점을 밝힙니다.

이 사도신경 강해가 독자들에게 오늘날 우리가 무엇을 믿을 수 있는가, 아직도 우리가 믿을 수 있는 그 무엇이 있는가, 있다면 그것이 무엇인가 하는 절박한 생의 물음에 대해 도움이 되는 신앙 안내서가 되기를 바라는 마음 간절합니다. 한 번 읽어서 잘 이해되지 않는다고 책을 덮어 두지 마시고 인내를 가지고 한 장씩 정독해 가면서 각 장에 제시된 물음을 묵상해 가시기 바랍니다.

끝으로 이 책이 나오기까지 애써 주신 홍성사 가족들의 노고에 감사드립니다. 주님의 은혜와 평강이 독자 여러분의 가정과 하시는 일에 항상 함께하시기를 기원합니다.

2001년 여름
임영수

2주 동안 배우는 **사도신경 학교** 차례

머리말 | 5

1. 나(우리)는 믿습니다, 아멘 | 15

2. 나는 하나님을 믿습니다 | 27

3. 전능하신 아버지 하나님 | 41

4. 천지를 만드신 하나님 | 53

5. 유일하신 아들 주 예수 그리스도 | 67

6. 성령으로 잉태되사 동정녀 마리아에게서 나시고 | 81

7. 본디오 빌라도에게 고난 받으사 | 95

8. 십자가에 못박혀 죽으시고   109

9. 사흘 만에 죽은 자 가운데서 다시 살아나셔서   123

10. 하늘에 오르사 …… 심판하러 오시리라   137

11. 나는 성령을 믿습니다   151

12. 거룩한 공교회   165

13. 성도의 사귐을 믿습니다   179

14. 죄를 사함받는 것   193

15. 몸이 다시 사는 것과 영원히 사는 것을 믿습니다   207

사도신경

전능하사 천지를 만드신 하나님 아버지를 내가 믿사오며,

그 외아들 우리 주 예수 그리스도를 믿사오니,
이는 성령으로 잉태하사
동정녀 마리아에게 나시고,
본디오 빌라도에게 고난을 받으사,
십자가에 못박혀 죽으시고,
장사한 지 사흘 만에 죽은 자 가운데서 다시 살아나시며,
하늘에 오르사,
전능하신 하나님 우편에 앉아 계시다가,
저리로서 산 자와 죽은 자를 심판하러 오시리라.

성령을 믿사오며,
거룩한 공회와,
성도가 서로 교통하는 것과,
죄를 사하여 주시는 것과,
몸이 다시 사는 것과,
영원히 사는 것을 믿사옵나이다.

아멘.

바로잡은 사도신경*

나는, 전능하사 천지를 만드신 하나님 아버지를 믿습니다.

나는 그의 유일하신 아들 우리 주 예수 그리스도를 믿습니다.
그는 성령으로 잉태되사
동정녀 마리아에게서 나시고,
본디오 빌라도에게 고난을 받으사,
십자가에 못박혀 죽으시고,
장사된 지 사흘 만에 죽은 자 가운데서 다시 살아나셔서
하늘에 오르사,
전능하신 하나님 우편에 앉아 계시다가,
거기로부터 살아 있는 자와 죽은 자를 심판하러 오시리라.

나는 성령을 믿으며,
거룩한 공교회와,
성도가 서로 교제하는 것과,
죄를 사함받는 것과,
몸이 다시 살아나는 것과,
영원히 사는 것을 믿습니다.

아멘.

*나채운 목사 사역

영어 사도신경

The Apostles' Creed

I believe in God the Father almighty,
Creator of heaven and earth;

And in Jesus Christ His only Son our Lord;
who was conceived by the Holy Spirit,
born from the Virgin Mary,
suffered under Pontius Pilate,
was crucified, dead and buried,
descended to hell,
on the third day rose again from the dead,
ascended to heaven,
sits at the right hand of God the Father almighty,
thence he will come to judge the living and the dead;

I believe in the Holy Spirit,
the holy catholic Church,
the communion of saints,
the remission of sins,
the resurrection of the flesh,
and the eternal life.

Amen.

독일어 사도신경

Das Apostolische Glaubensbekenntnis

Ich glaube an Gott, den Vater, den allmächtigen,
den Schöpfer des Himmels und der Erde.

Und an Jesus Christus,
seinen eingeborenen Sohn, unsern Herrn,
empfangen durch den Heiligen Geist,
geboren von der Jungfrau Maria,
gelitten unter Pontius Pilatus,
gekreuzigt, gestorben und begraben,
hinabgestiegen in das Reich des Todes,
am dritten Tage auferstanden von den Toten,
aufgefahren in den Himmel;
er sitzt zur Rechten Gottes, des allmähtigen Vaters;
Von dort wird er kommen,
zu richten die Lebenden und die Toten.

Ich glaube an den Heiligen Geist,
die heilige katholische kirche,
Gemeinschaft der Heiligen,
Vergebung der Sünden,
Auferstehung der Toten
und das ewige Leben.

Amen.

라틴어 사도신경

Symbolum Apostolourm

Credo in Deum Patrem omnipotentem
Creatorem coeli et terrae

Et in Iesum Christum
Filium eius unicum, Dominum nostrum
qui conceptus eat de Spiritu Sancto
natus ex Maria Virgine
passus sub Pontio Pilato
crucifixus, mortuus et sepultus
descendit ad inferos
tertia die resurrexit a mortuis
ascendit ad coelos
sedet ad dexteram Dei Patris omnipotentis
inde venturus est iudicare vivos et mortuos.

Credo in Spiritum Sanctum
sanctam Ecclesiam catholicam
sanctorum communionem
remissionem peccatorum
carnis resurrectionem
et vitam aeternam.

Amen.

1 나(우리)는 믿습니다, 아멘

예수께서 그 아비에게 물으시되

언제부터 이렇게 되었느냐 하시니 가로되 어릴 때부터니이다

귀신이 저를 죽이려고 불과 물에 자주 던졌나이다

그러나 무엇을 하실 수 있거든

우리를 불쌍히 여기사 도와 주옵소서

예수께서 이르시되 할 수 있거든이 무슨 말이냐

믿는 자에게는 능치 못할 일이 없느니라 하시니

곧 그 아이의 아비가 소리를 질러 가로되

내가 믿나이다 나의 믿음 없는 것을

도와 주소서 하더라

마가복음 9장 21~24절

저희 집 거실에는 제가 잘 아는 한국 여류화가가 그린 '성탄'의 그림이 있습니다. 그림은 요셉과 마리아가 한복을 입고서, 구유에 누워 있는 아기 예수를 돌보고 있는 매우 한국적인 장면입니다. 그림 자체도 아름답지만, 금도금된 액자와 그림의 색 조화가 매우 뛰어나 그 가치를 더욱 돋보이게 합니다.

그림이 아무리 좋아도 잘 어울리는 액자가 없거나, 액자가 있어도 그림과 조화를 이루지 못하면 그림이 살아나지 않을 것입니다. 물론 틀이 그림 자체인 것은 아니지만, 틀은 그림의 주제를 더욱 뚜렷하게 드러내고 그 가치를 한층 높여 줍니다. 그런 연유로 그림이 고가(高價)일수록 그림의 액자도 더 값비싼 것이 될 것입니다.

사도신경의 액자 : '믿습니다'와 '아멘'

우리가 고백하는 사도신경에도 그림의 틀과 같은 중요한 두 단어가 있습니다. 그것은 '믿습니다'와 '아멘'입니다. 이미 말씀드린 대로 틀은 그림이 아닙니다. 그러나 사도신경에서 그림의 틀과 같은 이 두 단어를 빼 버리면 사도신경의 내용 전체를 부인하는 것이 됩니다. 사도신경의 내용이 생명력 있는 고백이 되는 것은 이 두 단어가 있기 때문입니다. '믿습니다'는 사도신경의 내용을 인정하고 받아들이는 것이며, '아멘'은 믿는 내용에 대한 공증(公證)과 같은 것입니다.

또한 '믿습니다'와 '아멘' 두 단어는 사도신경을 인정하고 공증할 뿐 아니라 그 내용을 제한하고 있습니다. 그림의 내용과 크기를 액자가 제한하는 것처럼 이 두 단어는 사도신경의 내용을 제한합니다. 이 세상 모든 종교의 신앙 내용을 다 믿는다는 것이 아닙니다. 사도신경은 틀 속에 있는 제한된 내용을 믿음으로 고백하고, 그 내용이 사실임에 "아멘" 하는 확신에 찬 신앙고백입니다. 여기서 아멘은 강요된 아멘이 아닙니다. 그것은 매우 자발적으로 우러나오는 찬송과 영광이 담긴 송영(誦詠)으로서 아멘입니다. 강요된 아멘에는 찬송과 영광이 들어 있지 않습니다. 그러나 사도신경의 '아멘'에는 감사, 희망, 찬송, 영광이 들어 있습니다.

사도신경은 믿음의 법칙도 아니며, 종교 의식에 포함되어 있는 기도문도 아닙니다. 그렇다고 성인들의 잠언이나 거룩한 문장으로 이루어진 것도 아닙니다. 물론 마술적인 힘이 담긴 주문도 아닙니다.

이것은 신뢰, 사랑, 열정, 희망에서 우러나오는 믿음의 고백입니다. 이 고백은 본래 초대 교회에서 세례식 때 사용되었습니다. 세례 받는 사람들이 지난날에 얽매였던 어둠의 권세로부터 해방되어, 장차 오고 있는 하나님 나라를 향해 결단하고 새로운 모험을 감행하는 과정에서 털어놓는 고백입니다. 사도신경이 비록 문자화되어 있어도, 그 내용은 실제 경험에서 우러나오는 고백입니다. 이처럼 성문화(成文化)된 사도신경은, 이것을 '고백' 하는 사람들로 인해 살아 있는 복음이 됩니다.

이 복음은 고백하는 한 사람이 독점해서는 안 되며, 서로서로 나누어야 하는 것입니다. 복음은 많은 사람들과 나누어야 그 본질의 진정한 가치가 살아 있게 됩니다. 또한 사도신경의 내용은 모든 사람들에게 보내는 초대장입니다. 사도신경은 경제적 이해 관계, 권력의 힘, 두려움과 공포 때문에 강요된 고백이 되어서는 절대 안 됩니다. 사도신경은 많은 장애물을 극복해 가며 그 속에 담긴 복음의 빛을 접한 사람이 감사와 기쁨 가운데서 고백하는 것이기 때문에 초청장입니다. 초청장에는 강제성이 없습니다. 어디까지나 그것을 받은 사람의 의사와 동의, 결단으로 응답해야 합니다. 사도신경도 그와 같습니다.

믿음이 퇴보해 가는 시대

기독교 신앙에서 가장 중요한 본질적 요소는 믿음, 희망, 사랑입니다. 이것들은 신앙생활 하는 사람들 누구에게나 요구되는 가장 중요한 덕목이기도 합니다. 이 세 가지 중 희망과 사랑은 지금까지 인류 역사(특히 서구 역사)에서 활발하게 발전해 오고 있지만, 믿음은 계속 퇴보해 가고 있습니다.

오늘날 사람들이 자꾸 불안해하고 공허라는 정신 질환에 시달리는 원인도 이 믿음의 퇴보 현상과 밀접한 관련이 있습니다. 특별히 르네상스 이후 과학의 급속한 발달로 그 전에는 인류의 희망 사항에 지나지 않았던 미지의 영역들이 많이 열리고 있습니다. 그러한 현상은 인간의 삶 전반에 걸쳐 영향을 끼치고 있습니다. 그리고 사랑 역시 그 의미와 깊이가 확대되어 가면서 많은 사람들이 사랑의 혜택을 누리고 있습니다. 특별히 서구 선진국들이 실시하고 있는 사회복지 정책은 곤경에 처한 사람들에게 많은 혜택을 주고 있습니다.

그러나 믿음은 그렇지 않습니다. 믿음에 관한 준거(準據)는 자꾸만 소멸되어 가고 있습니다. 오늘날은 과학자들보다 오히려 신학자들이 하나님의 존재를 부인하기도 합니다. 이렇게 믿음의 영역이 소멸되어 가면서 사람들은 더욱더 공허와 허무, 불안에 시달리고 있습니다.

세계적인 심리학자 칼 융은 "수많은 사람들이 나에게 찾아오는 이유는, 신경증 때문이 아니라 오늘날의 철학이나 종교에서 삶의 의미를 찾지 못하기 때문이다"라고 했습니다. 또한 그는 "오늘날 많은 사람들이 하나님의 존재를 믿는 사람들을 부러워하지만, 정작 자신들은 하나님의 존재를 믿을 수 없다"고 했습니다.

믿음의 문제는 불신자들에게는 말할 것도 없고, 믿는 자들에게도 계속해서 회의와 갈등과 의문을 불러일으키고 있습니다. 그럼에도 이 믿음의 문제는 모든 사람에게 주어진 풀어야 할 과제입니다. 만약 이 믿음의 문제를 해결하지 못하면 불안, 초조, 염려, 무의미성에서 벗어나지 못하게 될 것입니다.

'우리는 믿습니다'

인류 역사의 발전 과정을 돌아보면, 크게 세 부분으로 나뉩니다.

첫째, 신화적 단계입니다. 이 시대 사람들은 주로 인생의 문제를 그들이 상상하는 신화의 세계에서 답을 얻으려고 했습니다.

둘째, 형이상학적 단계입니다. 이 시대에 들어서면서 인간은 생(生)의 어려운 문제들에 대한 해답을 논리적·철학적으로 추구해 갔습니다.

셋째, 적극적 단계(과학적 단계)입니다. 사람들은 이 단계에서 생의 문제와 우주의 신비를 과학적으로 해결해 가고 있습니다.

그러나 인간의 문제는 이 세 단계에서 멈추어서는 안 됩니다. 여기서 한 걸음 더 나아가서 '영적 통합의 단계'가 있어야 합니다. 이 단계는 인간의 직관과 합리적 기능을 통합해 가는 과정입니다. 그리고 그러한 통합은 하나님의 영이신 성령의 도움으로 가능합니다.

성령의 도움 없이는 인간은 계속해서 회의, 갈등, 의문에 시달리며 살게 되고, 삶을 통합시켜 나갈 수 없습니다. 과학을 숭상하면서도 마술적인 심성에 빠져들게 됩니다. 결국에는 공존할 수 없는 마술과 과학이 엄연히 공존하는 세상이 되는 것입니다.

믿음의 문제는 신화, 철학, 과학의 단계를 넘어섭니다. 믿음은 우주와 사물의 궁극적인 실재(實在)를 보게 합니다. 그리고 믿음은 삶의 통합을 이루어 나갑니다. 성서에 등장하는 믿음의 인물들은 신화에 얽매여 있던 사람들이 아닙니다. 그들은 철학자도 아닙니다. 물론 과학자도 아닙니다. 그렇다고 마술적인 심성에 얽매여 있던 사람들은 더더욱 아닙니다. 그들은 성령의 능력 안에서 믿음의 준거를 발견한 사람들입니다.

그들이 발견한 믿음의 준거는 신화의 세계도 아니고, 논리적 결론에 의한 관념도 아니며, 과학적으로 입증된 것들도 아닙니다. 그들이 발견한 믿음의 준거는 하나님의 약속이었습니다. 그들은 눈에 보이는 것에 믿음의 준거를 두지 않고, 눈에 보이지 않는 하나님의 약속에 준거를 두었습니다.

히브리서 11장에 나오는 믿음의 사람들은 모두 그런 인물들이었습니다. 그들은 자신의 현실에서 하나님의 약속을 바라보며 그것을 믿고 고백했습니다. 그들은 보이는 세상을 통해 보이지 않는 하나님을 보았고, 그 하나님이 자신들에게 주신 약속을 보이는 것보다 더 확실하게 붙잡았습니다. 왜냐하면 그것을 보증해 주시는 분이 성령이기 때문입니다.

사도신경을 고백하는 주체는 언제나 '나' 입니다. 그래서 '나는 믿습니다' 가 됩니다. 그러나 나로만 끝나는 것이 아닙니다. 앞서 말씀드린 대로 이것은 서로 나누어야 할 복음이기 때문에 나 외의 사람들도 있습니다. 그래서 '우리는 믿습니다' 가 됩니다.

사도신경의 고백에서 '나'는 결국 하나의 연대감 가운데서의 '나'입니다. 그런 의미에서 이 고백은 지극히 개인적이면서도 공동체적입니다. 그래서 "나는 믿습니다"라고 할 때 그는 외롭지 않습니다. 그는 이미 공동체적 연대감 속에 있기 때문입니다. 그러한 연대감을 가지고 사도신경을 고백하는 사람들은 격려와 힘을 얻게 됩니다.

예수께서 변화 산상에서 내려오셨을 때 대면한 문제가 바로 이 믿음의 문제였습니다. 그와 함께 지내던 제자들은 그들에게 도움을 요청하러 온 사람에게 아무 도움도 주지 못하고 무기력한 상태에 있었습니다. 예수님은 그러한 현실을 목격하시고 믿음이 없는 세대에 깊이 탄식하셨습니다. 도움을 요청하러 온 아이의 아버지 역시 희망이 없는 상태에서 예수께 찾아와 반신반의(半信半疑)하면서 도움을 요청했습니다.

예수님은 귀신들린 아이를 자기에게 데려오게 했습니다. 그러고는 다가오는 하나님 나라의 현실을 나타내 보이셨습니다. 예수께서 귀신을 쫓아낸 사건은 보이지 않는 하나님 나라에 대한 분명한 징표였습니다. 보이는 것만이 전부가 아니며, 보이지 않는 영원한 능력과 영광이 있다는 사실에 눈뜨게 했습니다.

사도신경의 고백은 보이지 않는 영원한 능력과 통치에 대한 고백입니다. 그 영원한 능력과 통치에 대한 깊은 신뢰와 확신, 그리고 희망에서 우러나오는 고백입니다. 우리는 믿음의 조상 아브라함에게서 그러한 믿음을 발견하게 됩니다. 그가 고향과 친척을 떠날 때 그가 가진 것은 하나님의 약속뿐이었습니다.

　이런 이야기가 있습니다. 몸이 불구인 한 소녀가 오랫동안 불치병으로 누워 있었습니다. 그러던 중 소녀가 복음을 전해 듣고 구원을 받게 되었습니다. 소녀는 남들처럼 교회에 나가 예배 드리며 주님을 기쁘시게 해 드리지 못하는 것을 안타깝게 여기며 슬퍼했습니다. 그때 소녀를 방문한 목사님은 비록 병상일지라도 열심히 기도하면 하나님께서 기뻐하신다고 소녀에게 일러 주었습니다. 소녀는 그 얘기를 듣고 매우 기뻐했습니다.

　그로부터 몇 달 후 그 마을에서는 이상하게 많은 사람들이 교회를 찾았고 신앙의 부흥이 일어났습니다. 한편, 소녀는 가족에게 부흥이 어떻게 일어나고 있는지, 누구누구가 새로 교회에 나왔는지 자주 묻곤 했습니다.

　수개월 후 소녀는 앓던 병으로 세상을 떠났습니다. 그리고 소녀가 사망한 후 얼마 지나지 않아 놀라운 사실이 한 가지 발견되었습니다. 그 소녀의 베개 밑에서 56명의 이름이 나란히 기록된 기도 수첩이 나왔는데, 이 56명은 최근의 '신앙부흥' 기간에 새로 교회에 나와 구원받은 사람들이었습니다. 각 사람의 이름 앞에는 빨간 십자가 표시가 있었는데, 그것은 소녀가 기도한 사람이 구원받았다는 소식을 들을 때마다 한 개씩 표를 해 놓은 것이었습니다. 소녀는 죽기 전 정성으로 주님께 뜨거운 충성을 했던 것입니다. 비록 짧은 일생이지만 결코 헛되지 않은 삶이었습니다.

교회에서 통속적으로 잘못 강조되어 오는 믿음은, 불치병을 고치는 데 몰두하게 하거나 이 기도원 저 기도원을 전전하면서 많은 시간과 물질을 낭비하게 하는 것입니다. 그 결과 불치병에서 해방되는 것이 아니라 오히려 자신의 불행에 더욱더 집착하게 합니다. 그러나 참된 믿음은 그러한 불행 가운데서 이루어지고 있는 하나님의 능력과 영광을 보는 것입니다. 사도신경에서 '나는 믿습니다'는 바로 그러한 약속에 대한 믿음입니다. 그리고 그것에 대한 '아멘'입니다.

믿음이 없는 패역한 세대에서 하나님의 약속을 믿고 살아가는 사람들이 그들 가운데서 이루어지는 하나님 나라의 현실성을 보고, 경험하며, 하나님에 대한 신뢰와 사랑과 희망 가운데서 "나는 믿습니다, 아멘" 하는 것입니다.

복습을 위한 질문

1. 사도신경의 내용을 생명력 있게 하는 '믿습니다'와 '아멘'은 어떤 의미를 내포하고 있습니까?

2. 사도신경은 본래 어디서 시작되었으며, 어떤 의미로 쓰이던 것입니까?

3. 사도신경이 초청장과 같다고 한 이유는 무엇입니까?

4. 보이지 않는 하나님의 약속을 믿음의 준거로 삼은 이들이 누리게 되는 복은 무엇입니까?

5. 나의 믿음은 통속적으로 잘못 강조돼 온 믿음인지, 아니면 보이

지 않는 하나님의 약속을 신뢰하며 기다리는 믿음인지 생각해
봅시다.

2 나는 하나님을 믿습니다

모세가 하나님께 고하되 내가 이스라엘 자손에게

가서 이르기를 너희 조상의 하나님이 나를

너희에게 보내셨다 하면 그들이 내게 묻기를 그의

이름이 무엇이냐 하리니 내가 무엇이라고 그들에게

말하리이까 하나님이 모세에게 이르시되

나는 스스로 있는 자니라

또 이르시되 너는 이스라엘 자손에게 이같이 이르기를

스스로 있는 자가 나를 너희에게 보내셨다 하라

하나님이 또 모세에게 이르시되 너는 이스라엘

자손에게 이같이 이르기를 나를 너희에게 보내신 이는

너희 조상의 하나님 곧 아브라함의 하나님,

이삭의 하나님, 야곱의 하나님 여호와라 하라

이는 나의 영원한 이름이요

대대로 기억할 나의 표호니라 너는 가서 이스라엘

장로들을 모으고 그들에게 이르기를 여호와 너희

조상의 하나님 곧 아브라함과 이삭과 야곱의

하나님이 내게 나타나 이르시되 내가 실로 너희를

권고하여 너희가 애굽에서 당한 일을 보았노라

출애굽기 3장 13-16절

여호와는 나의 목자시니 내가 부족함이 없으리로다

그가 나를 푸른 초장에 누이시며

쉴 만한 물가로 인도하시는도다

내 영혼을 소생시키시고

자기 이름을 위하여 의의 길로 인도하시는도다

내가 사망의 음침한 골짜기로 다닐지라도

해를 두려워하지 않을 것은 주께서 나와 함께하심이라

주의 지팡이와 막대기가 나를 안위하시나이다

주께서 내 원수의 목전에서 내게 상을 베푸시고 기름으로

내 머리에 바르셨으니 내 잔이 넘치나이다

나의 평생에 선하심과 인자하심이 정녕 나를 따르리니

내가 여호와의 집에 영원히 거하리로다

시편 23장 1-6절

지난 장에서 사도신경의 고백 주제는 '나'임을 확인했습니다. 여기서 고백하는 주체로서의 나는, 그러한 고백을 같이하는 사람들과의 공동체적 연대감 속에 있는 나라는 사실도 확인했습니다. "나는 믿습니다"라고 하는 그때, 그러한 고백을 하는 무리 가운데 일원이 됨과 동시에 그들과 함께 "우리는 믿습니다"라고 고백하는 것입니다. 여기서 '우리'는 지난날 얽매였던 어둠의 권세로부터 해방되어, 오고 있는 하나님 나라를 향해 결단한 공동체적 연대감으로 새로운 모험의 길에 들어선 '우리'인 것입니다.

사도신경에 포함된 수직적 관계

한편 사도신경에는 믿음의 행위로부터 형성되는 이러한 수평적 관계만 있는 것이 아니라, 다른 차원의 수직적 관계가 있습니다. 이 수직적 관계는 수평적 관계에 우선합니다. 사도신경에서 '믿습니다'는 수평적 관계를 형성시켜 주는 동시에, 어떤 분명한 객관적 대상을 향하는 수직적 관계를 형성시킵니다. 그리고 그 수직적 관계의 대상은 옛날 민담이나 설화에 등장하는 신들이 아닙니다. 철학에서 만들어 낸 관념적인 신에 대한 개념도 아닙니다. 이데올로기도 아닙니다. 과학이 만들어 낸 물건도 아니며, 그 힘도 아닙니다.

사도신경의 '믿습니다'에서 가리키고 지향하는 객관적 대상은 하나님, 예수 그리스도, 성령입니다. 이분들은 하나이면서 셋이십니다. 하나이면서 셋에 대한 구별은 논리적인 설명보다는 경험을 통해 더 분명히 구분되고 이해되는 신비입니다. 이 세 분 가운데 첫 번째 믿음의 대상이 하나님이십니다. 그래서 사도신경에서 "나는 하나님을 믿습니다"라고 고백하게 됩니다.

여기서 고백하는 하나님은 사람의 꿈이나 환상에서 만나는 분이 아닙니다. 인간의 무의식 속에 있는 하나님도 아닙니다. 물론 어린 시절 아버지로부터 받은 아버지상(像)이 투사되어 나타난 하나님상도 아닙니다. 이 하나님은 "당신은 누구이십니까?"라고 묻는 모세에게 "나는 스스로 있는 자"라고 밝힌 분이십니다. 사도신경의 고백은 바로 그분에게 초점이 맞추어져 있습니다. 옛날 이스라엘 백성들이 신앙고백을 한 대상도 바로 이 하나님이었습니다.

여기서 몇 가지 중요한 질문이 생깁니다. 스스로 계신 그분은 어떤 분이시며, 그분과 우리는 어떤 관계인가? 만약 우리가 그분과 관계를 맺고자 한다면, 그것은 어떻게 가능한가?

스스로 계신 분에 대한 이러한 물음에 사도신경이 주는 대답은 다음과 같습니다.

첫째, 그는 이 세상을 창조하신 창조주이시다.

둘째, 그는 우리 아버지이시다.

셋째, 그는 예수 그리스도를 통하여 인간 가운데로 들어오신 분이시다.

넷째, 그는 성령으로 우리 가운데서 역사하시는 분이시다.

다섯째, 그는 우리와 영원한 친교 가운데 계신 분이시다.

여섯째, 그는 우리의 죄를 용서하시는 분이시다.

일곱째, 그는 우리를 사망의 음침한 골짜기를 넘어 영원한 본향으로 인도하시는 분이시다.

하나님이 자신에게 던지는 세 가지 질문

영국의 신학자 윌리엄 바클레이(William Barclay)는, 스스로 계신 하나님은 당신 자신에게 세 가지를 물으신다고 했습니다.

첫째, 그분은 '사람들에게 내 일을 알리기 위해 어떻게 하면 좋을까?'를 물으신다는 것입니다.

사람이 사람인 이상 하나님을 알 수 없습니다. 인간이 아무리 발돋움을 한다 해도 하나님을 알 수는 없습니다. 하나님 스스로가 손을 내밀어 주시지 않으면 어떻게 할 도리가 없는 것입니다. 그러므로 인간이 하나님을 아는 방법은 하나님의 계시에 의한 것이지, 인간의 사색으로 되는 것이 아닙니다.

그래서 기독교의 묵상은 말씀의 묵상입니다.

하나님이 자신을 알리는 방법에는 세 가지가 있습니다. 먼저 그분이 창조하신 세상을 통해 알리시고, 다음으로 다른 사람을 통해 알리시며, 마지막으로 예수 그리스도를 통해 하나님 자신을 온전히 나타내 보이시는 것입니다.

둘째, 하나님은 '사람들이 내 말에 귀를 기울이게 하려면 어떻게 하면 좋을까?'를 물으신다고 했습니다.

레이튼이라는 사람은 병들었을 때 이런 말을 했습니다. "지금까지 내가 전 생애를 통해 깨달은 것보다 병상에 있게 되면서 하나님에 대해 훨씬 더 많이 알게 되었다." 하나님은 실패나 손실을 통하여 우리에게 말씀하고 계십니다.

어느 시인이 들었다는 하나님의 목소리 가운데 이런 말이 있었다고 합니다. "내 사랑에 응답하지 않는 사람도 삶에 피곤을 느끼게 되면 싫든 좋든 내 품에 돌아오게 되리라."

셋째, 하나님은 '사람들이 나를 사랑하게 하려면 어떻게 해야 할까?'를 물으신다고 했습니다.

하나님은 결코 힘으로써 사람들이 자기를 따르도록 강요하시지 않습니다. 하나님이 강요하시는 일이 있다면, 그것은 사랑에 의한 강요입니다. 이와 마찬가지로 하나님이 원하시는 복종은 사랑의 마음으로 따르는 복종입니다. 그러므로 인생과 세계 안에서, 그 중에서도 예수 그리스도 안에서 하나님의 사랑을 발견할 수 있는 사람은 "우리가 (하나님을) 사랑함은 그(하나님)가 먼저 우리를 사랑하셨음이라"(요일 4:19)라고 마음으로부터 말하게 될 것입니다.

우리가 스스로 계신 분께 찾아가야 하는 것이 아니라, 그분이 고난 받는 이스라엘에게 찾아오신 것같이 우리에게 찾아오십니다. 그가 오셔서 자신이 누구인지를 드러내시지만, 정작 "나는 당신을 나의 하나님, 우리의 하나님으로 믿습니다"라고 고백하는 일은 점점 더 어려워지고 있습니다. 이 사실은 오늘 우리 시대가 직면한 위기이기도 합니다. 하나님에 대한 고백이 어려워지는 원인은 하나님께 있는 것이 아니라, 급변하는 시대 상황과 급속한 세속주의 그리고 그로 인한 사람들의 성향이 변질되는 것에 있습니다.

하나님을 고백하기 어려운 시대

오늘 이 시대를 살아가는 사람들이 갖고 있는 몇 가지 그릇된 환상이 있습니다. 그 중 하나가 '인간이 빵만으로 살 수 있다'는 믿음입니다. 공산주의의 몰락으로 이 믿음은 거짓임이 이미 밝혀졌는데도 사람들은 아직 환상에서 깨어나지 못하고 있습니다.

또 다른 환상은, '이미 만들어진 것과 앞으로 만들어질 것들로 인간이 자족하며 살 수 있다'는 생각입니다. 과학의 급속한 발전은 인류가 하나님을 떠나 과학이라는 새로운 대체물에 자신을 위탁하도록 만들어 갑니다.

그 다음은 '쾌락이 인간을 만족시킬 수 있다'는 생각입니다. 오늘 이 시대를 살아가는 사람들의 성향은 쾌락 추구이며, 쾌락을 통해 만족을 누릴 수 있다는 환상에 빠져 있습니다.

마지막으로는, '진부한 기독교 교리를 재해석하지 않고도 현대인들에게 구원의 도를 믿게 할 수 있다'는 편협한 사고입니다.

칼 융은 이와 같은 현대인을 신앙과 관련하여 다음과 같이 세 부류의 사람들로 나누어 설명하였습니다.

첫째는 기독교의 전통적인 교리에 아무런 의문도 품지 않고 잘 믿는 사람들입니다. 이들은 전통적인 교리를 그대로 믿고 거기서 의미를 발견하며 사는 사람들입니다.

둘째는 매우 의식화되어 있고 합리적인 성격을 지닌 사람들입니다. 이들은 현대 사회와 과학에 잘 적응하고 있지만, 교회에서 제시하는 기독교 교리에 관해서는 도무지 이해할 수도 없고 믿지도 못해서 교회에 흥미를 잃고 교회를 떠납니다.

셋째는 현대 사회와 과학에 잘 적응하고, 교회에도 많은 가치를 두고 있는 사람들입니다. 그러나 이들은 기독교의 근본적인 진리와 의미에는 동의하지만, 글자 그대로의 교의(敎義)는 믿을 수 없고, 전통적이고 문자적인 의미 외에 새로운 의미를 해석해 주기를 바라고 있습니다.

여기서 우리가 특별히 관심을 가져야 할 사람들은 둘째와 셋째 부류의 사람들입니다. 제 어린 시절만 해도 둘째와 셋째 부류의 사람들은 하나님이 택하지 않았다든지, 축복받지 못했다는 식으로 단정했습니다. 그러나 오늘날에 와서는 그렇게 간단히 단정짓는 것으로 해결되지 않습니다. 왜냐하면 믿는다고 고백하는 사람들도 그들이 제기하는 문제들의 해답을 갖고 있지 않기 때문입니다. 오늘 기독교 신앙의 위기는 바로 그런 점에 있습니다.

오랜 기간 공산주의의 억압에서 이데올로기를 고백하도록 강요받아온 사람들은, 공산주의가 얼마나 허구적이며 거짓인지를 경험으로 깨달았기 때문에 오히려 신앙의 참됨을 인정하고 하나님을 고백하는 데 어려움이 없습니다. 그리고 아직 문자가 없고, 현대 문명의 이기(利器)를 사용하지 못하고 살아온 사람들에게 하나님을 소개하는 일 또한 그리 어렵지 않습니다.

그러면 오랜 세월 공산 치하에 있던 사람들, 현대 문명권 밖에 있는 사람들은 하나님이 택하셨고, 하나님을 고백하기 어려워하는 현대인들은 하나님께 버림받은 것일까요? 절대 그렇지 않습니다. 만약 하나님이 문명권 밖의 사람들만 이해할 수 있는 분이라면, 그것은 심각하게 생각해 볼 문제입니다.

그렇다면 오늘날같이 하나님을 고백하기 어려운 시대에 과연 우리는 어디서 어떻게 하나님을 만날 수 있습니까? 하나님은 인간의 의식 세계에만 계시는 분이 아니고, 인간의 역사 전반에 걸쳐 관여하시는 분이기 때문에 하나님에 대한 고백은 중요합니다. "나는 하나님을 믿습니다"라고 할 때, 이 고백은 한 사람의 세계관, 인생의 목표, 가치와 관련됩니다.

시편 23편이 주는 희망

이러한 문제와 관련해서 우리는 시편 23편 본문에서 매우 희망적인 해답을 발견하게 됩니다. 본문에서 시인이 하나님을 자신의 목자로 고백하는 삶의 상황이 매우 특수한 경우임을 발견할 수 있습니다. 다시 말하면, 시인은 매우 특수한 상황에서 하나님을 경험하게 됩니다.

먼저, 시인은 매우 결핍된 상황에서 하나님을 경험하게 됩니다. 본문에 "내가 부족함이 없으리로다"라고 했습니다. 이 고백은 반대로 표현하면, 시인이 매우 결핍된 상황에 있었다는 사실을 암시합니다. 이때 시인이 겪었던 결핍은 이 세상 것들에 대한 결핍이 아닙니다.

일반적으로 사람들은 빵만으로 살 수 있다고 확신합니다. 거기서 한 걸음 더 나아가 편리한 과학적 이기들만 있으면 풍족하게 살아갈 수 있다고 생각합니다. 좀더 발전해서, 좋은 직장과 여가만 있으면 만족하며 살 수 있다고 생각합니다. 시인이 경험한 결핍은 그런 것들에 대한 결핍이 아닙니다. 그런 것들로는 채워질 수 없는 영적 결핍이자 목마름입니다.

다음으로, '쉼'과 관련된 문제입니다. 시인에게는 쉼에 대한 갈망이 있었습니다. 그에게는 쉼을 누리지 못하게 하는 염려, 불안, 가책이 있어 그를 계속 괴롭히고 있습니다. 사람들은 그러한 것들로부터 벗어나려고 때로 술을 마셔 보기도 하지만, 그것은 일시적인 방편일 뿐입니다. 또한 쉼을 얻기 위해 골프도 해 보고, 오락도 해 보고, 여행도 해 보지만, 그럼에도 여전히 평안이 없습니다.

그 다음으로, 시인은 생의 의미와 목적을 말하고 있습니다. '소생시킨다'는 말은, 새로운 의미와 희망을 가지고 삶을 살아갈 수 있는 새로움을 뜻합니다. 그전에는 빵만으로 살 수 있고, 과학의 힘으로 능히 역사를 발전시켜 갈 수 있다고 믿었습니다. 이미 만들어진 것들을 통해 충분히 살아갈 수 있다고 확신했습니다. 그러나 막상 그러한 것들을 다 소유하고 나니 오히려 그러한 것들을 향유하며 살아가야 할 의미와 목적이 있어야 한다는 사실을 알게 되었습니다.

그보다 더 중요한 것은 죽음의 문제입니다. 시인은 사망의 음침한 골짜기를 건너야 할 때, 그 미지의 세계에 누가 자신과 함께할지 묵상해 보았지만 자신과 동행할 수 있는 대상이 아무도 없었습니다. 시인에게는 죽음에 대한 문제가 매우 중요한 현실의 문제로 다가오고 있었습니다.

마지막으로, 시인이 경험한 것은 자신의 능력에 대한 한계입니다. 요즘 표현으로 하면, 시인은 살아가는 생존 수단으로 인기 있는 기술도 익혔고, 컴퓨터 귀재라는 평을 들을 정도로 컴퓨터도 능숙합니다. 그리고 영어 실력도 탁월합니다. 무엇이든 원하는 것은 다 손에 쥘 수 있을 것 같았습니다. 그럼에도 자신의 '잔'이 늘 채워지지 않음을 경험합니다. 경쟁 사회에서 자신의 무력감을 자꾸 느낍니다.

시인의 경험은 매우 특별한 것입니다. 그러한 특별한 경험을 통해 시인은 하나님을 만난 것입니다. 달리 표현하면, 하나님이 특별한 경험을 통해 그에게 찾아오셔서 그의 마음의 문을 두드리신 것입니다. 하나님이 그의 일상적인 삶에 개입하셨습니다. 거기서 시인은 하나님을 목자로 모셨고, "여호와는 나의 목자"라고 고백하게 되었습니다.

저는 개인적으로 이 시편을 묵상하면서 희망을 갖게 됩니다. 오늘날 세속 문화는 사람들로 하여금 하나님 아닌 다른 것들에 초점을 맞추게 하지만, 결국 현대인들이 경험하는 것이 무엇이겠습니까? 세속의 신들을 삶의 신조로 고백하는 사람들이 경험하는 것은, 깊은 결핍, 정신적 빈곤, 삶의 무의미성, 죽음에 대한 두려움과 공포 그리고 자신의 무기력입니다. 이러한 자리에 우리 자신이 그대로 머물러 있다는 자체가 비지성적이요, 어리석은 일입니다.

여기서 우리는 사도신경이 지시하는 믿음의 방향으로 시선을 돌리지 않을 수 없습니다. 결국 오늘의 이 세속 문화가 하나님을 멀리하게 만드는 것 같지만, 결과는 그와 반대입니다. 세속 문화는 인간의 어리석음과 그들이 신뢰하고 있는 세속 신들의 어리석음을 드러낼 뿐입니다.

인생의 도상에서 이루어지는 많은 만남이 있습니다. 그 가운데 중요한 만남이 어머니와의 만남, 사랑하는 이성과의 만남입니다. 그리고 이러한 수평적인 만남이 아닌 수직적 만남, 곧 하나님과의 만남이 있습니다. 이 만남에서 우리의 태어남, 가정의 의미와 생의 목적이 달라집니다. 이 만남에서 인생의 고백이 달라집니다. 천지를 창조하신 하나님, 아버지 하나님, 우리와 함께하시는 하나님을 고백하게 됩니다.

복습을 위한 질문

1. 사도신경 본문에 나오는 '믿습니다'의 고백 주체는 누구이며, '믿습니다'가 가리키고 지향하는 객관적 대상은 누구입니까?

2. 윌리엄 바클레이가 말한, 하나님이 자기 스스로 물으시는 세 가지 질문은 무엇입니까?

3. 현대를 살아가는 사람들이 속기 쉬운 네 가지 그릇된 환상은 무엇입니까?

4. 물질주의와 쾌락주의가 만연하고 그릇된 환상이 신앙화되는 요즘 시대를 사는 현대인들은 하나님을 고백하기가 쉽지 않습니다. 이 시대의 문제에 대한 시편 23편의 희망은 무엇입니까?

3 전능하신 아버지 하나님

사랑하는 자들아 우리가 서로 사랑하자 사랑은 하나님께

속한 것이니 사랑하는 자마다 하나님께로 나서 하나님을

알고 사랑하지 아니하는 자는 하나님을 알지 못하나니

이는 하나님은 사랑이심이라 하나님의 사랑이 우리에게

이렇게 나타난 바 되었으니 하나님이 자기의 독생자를

세상에 보내심은 저로 말미암아 우리를 살리려 하심이니라

사랑은 여기 있으니 우리가 하나님을 사랑한 것이 아니요

오직 하나님이 우리를 사랑하사 우리 죄를 위하여 화목제로

그 아들을 보내셨음이니라

사랑하는 자들아 하나님이 이같이 우리를 사랑하셨은즉

우리도 서로 사랑하는 것이 마땅하도다

어느 때나 하나님을 본 사람이 없으되 만일 우리가 서로

사랑하면 하나님이 우리 안에 거하시고 그의 사랑이 우리

안에 온전히 이루느니라 그의 성령을 우리에게 주시므로

우리가 그 안에 거하고 그가 우리 안에 거하시는 줄을

아느니라 아버지가 아들을 세상의 구주로 보내신 것을

우리가 보았고 또 증거하노니 누구든지 예수를 하나님의

아들이라 시인하면 하나님이 저 안에 거하시고

저도 하나님 안에 거하느니라

요한일서 4장 7-15절

오늘 내용은 하나님과 관련된 사도신경의 첫 번째 명제인 '전능하신 아버지 하나님'입니다. 아마 우리나라의 전통적인 가부장 제도에 거부감을 느끼는 사람들이나 여권 신장에 특별한 관심이 있는 이들은 하나님을 '아버지'라고 부르는 것이 매우 못마땅할 것입니다. 왜 하필 '아버지 하나님'이냐, '어머니 하나님'도 되지 않느냐고 이의를 제기할 수도 있습니다. 그러한 이의 제기는 충분히 이해할 만합니다.

아버지 하나님 vs. 어머니 하나님

그러나 사도신경에서 하나님을 아버지라고 호칭하는 것은 가부장적 권위나 남성 우월주의에서 나온 것이 아닙니다. 이것은 어디까지나 인간과 교제하기 원하시는 하나님의 속성을 표현하는 호칭인 것입니다. 하나님과 인간의 교제는 주인과 종, 왕과 신하, 기업주와 노동자, 장교와 사병의 관계와는 다릅니다. 이러한 관계들은 사회 질서에서 생겨난 기능적 역할들입니다. 이러한 관계에는 친밀함, 사랑, 생명이 없습니다. 이 관계는 표면적인 것이기 때문에 자기 주장, 요구, 경계, 이익 추구가 있을 뿐입니다.

하나님과 인간의 교제에는 유보(留保)의 장벽, 숨기기, 일방적 요구, 강요된 복종, 체념, 생계 유지를 위한 수단, 성공을 위한 인연 맺기 같은 것들이 개재되지 않습니다. 하나님과의 교제에는 친밀함, 사랑, 자족, 희망, 신뢰, 생명이 내재되어 있습니다. 하나님과의 교제에는 이 세상의 많은 교제에서 경험하는 결핍, 고갈, 갈등, 무의미, 무시당함, 상호의존성, 불만 같은 것들이 없습니다. 그것은 하나님이 생명이요 사랑이시기 때문입니다.

요즈음 시중 서점에서 잘 팔리고 있는 《가시고기》라는 장편 소설이 있습니다. 작가는 그 소설에서 한 아버지의 순수하고 애틋한 '부성'(父性)을 그리고 있습니다. 백혈병을 앓는 아들의 고통을 자신의 고통으로 받아들이면서, 그 아들의 고통을 대신할 수 있다면 무엇이든 하려 하지만, 그럴 수 없음을 안타까워하는 아버지의 순수한 부성애를 그려 놓았습니다. 이 작품은 그러한 아버지의 사랑을 '먹지도 잠자지도 않고 새끼를 돌보는 가시고기'로 상징화해 내고 있습니다. 이 소설에서 백혈병으로 고통당하는 아들과 아버지를 맺어 주는 본질적인 힘이 무엇입니까? 그것은 경제적 이해 관계나 명예심이 아닙니다. 그것은 오직 아버지의 사랑입니다.

요즘처럼 상하고 왜곡된 부성에 길들여진 사람들에게, 하나님을 아버지라 호칭하는 것이 잘 이해되지 않을 것입니다. 오히려 부정적인 아버지상 때문에 아버지라는 호칭이 하나님을 가까이하는 데 장애물이 될 수도 있습니다. 그러나 반대로 왜곡된 아버지상으로 고통당하고 있는 사람의 경우 하나님 안에서 참 아버지를 발견할 수 있을 것입니다.

'십자가'와 '부활'로 드러낸 부성애

그러면 하나님이 자신의 부성을 극명하게 드러내신 자리는 어디입니까? 그것은 '십자가'와 '부활'입니다. 십자가와 부활을 통해 드러난 하나님 아버지의 부성(fatherhood)은 다음 몇 가지로 요약해 볼 수 있습니다.

첫째, 친밀감입니다. 독일의 신학자 요아킴 예레미아스(Joachim Jeremias)는 예수님이 하나님을 '아바'(Abba)라고 부르신 호칭의 기원을 연구해 보았습니다. 연구 결과 그러한 호칭은 옛날 아람 사람의 가정에서 천진난만한 어린아이들이 아버지를 부를 때 사용했던 호칭임을 찾아냈습니다. 어린아이들이 "아바"라고 부를 때 거기에는 어떤 서먹서먹한 거리감이나 이질감이 없습니다. 그것은 아주 가까운 관계를 나타내는 말입니다.

십자가에서 자신을 드러내신 하나님은 우리 가까이 계시는 분이십니다. 그분은 우리에게 조금도 거리감을 갖지 않습니다. 그분은 존경과 경외의 대상이면서 우리에게는 아주 친밀하신 분이십니다.

둘째, 베풂입니다. 아버지 하나님은 인간에게 요구만 하시는 분이 아니라 주시는 분이십니다. 그가 우리에게 주시는 것은 자기 자신입니다. 대부분 이방 신들은 사람에게 공포와 두려움의 대상이면서 많은 것을 요구합니다. 그러나 하나님은 그러한 신들과는 다른 분입니다. 하나님은 우리의 필요를 채워 주시는 분이십니다. 때때로 그분으로 인해 가진 것을 포기할 때도 있지만, 그것은 어디까지나 더 좋은 것을 누리기 위한 포기이지 강요는 아닙니다.

셋째, 용서입니다. 아버지 하나님은 용서하시는 분이십니다. 그의 용서는 우리를 옛것에서 해방시키고, 상한 심령을 치유하며, 우리의 심령을 소생시켜 줍니다. 그러므로 그의 용서는 용서받은 우리 자신에게만 머물지 않고 이웃에게로 흘러 나가게 하는 용서입니다. 이웃에 대해 닫힌 마음을 열게 하는 용서, 우리 자신을 받아들이게 하는 용서, 다른 사람에게 긍휼을 베풀게 하는 용서입니다. 그분의 용서는 새 삶을 만들어 가는 용서인 것입니다.

넷째, 아버지 하나님은 우리를 찾고 계시는 분이십니다. 십자가에서 아버지는 자신이 우리를 찾고 계시는 분임을 드러내셨습니다. 또한 우리는 십자가에서, 아버지로부터 달아나 숨어 버린 인간을 찾고 계시는 하나님을 만나게 됩니다.

다섯째, 십자가에서 우주적이면서 지극히 개인적인 아버지를 만나게 됩니다. 십자가에서 우리가 만날 수 있는 아버지는 세상 전체를 사랑하시면서 세상에 있는 자녀 한 사람 한 사람에게 깊은 관심을 가지고 얼굴과 눈을 마주 대해 바라보시는 아버지이십니다. 예수께서는 이 자상한 아버지를 이렇게 소개해 주셨습니다.

"참새 두 마리가 한 앗사리온에 팔리는 것이 아니냐 그러나 너희 아버지께서 허락지 아니하시면 그 하나라도 땅에 떨어지지 아니하리라 너희에게는 머리털까지 다 세신 바 되었나니"(마 10:29, 30).

이 말씀은 아주 세심한 아버지의 사랑, 돌보시는 아버지의 관심을 표현한 것입니다.

마지막으로, 하나님이 아버지시라는 것은 우리 생명의 기원, 원천, 목적이 그분으로부터 왔다는 것입니다. 육신의 아버지가 있기 때문에 우리가 세상에 태어났습니다. 그러나 생명은 육신의 아버지가 준 것이 아닙니다. 그것은 아버지 하나님으로부터 왔습니다. 이 아버지는 전능하신 분이십니다.

하나님의 전능

한때 저는 하나님이 전능하신 분이라는 사실에 대해, 그 전능의 뜻을 마술적 힘, 분노와 의분의 힘, 강압적이고 파괴적인 힘으로 이해한 때가 있었습니다. 그래서 원망도 많이 했습니다. "아버지 당신은 전능하신 분이신데, 왜 내가 당하고 있는 이러한 고통을 그대로 방관하십니까? 그렇다면 당신은 너무 무능하지 않습니까? 하나님 당신은 전능하신 분이신데 악한 사람들을 왜 한꺼번에 때려부수지 않으십니까?'

전능하신 아버지는 제가 고통스러워 할 때 침묵만 지키고 계셨습니다. 그러나 십자가와 부활에서 보여 주신 아버지의 전능은 저의 이해와는 아주 다른 것이었습니다. 거기 나타난 아버지의 전능은 악한 사람을 때려부수는 전능이 아니라, 그들을 용서하시는 전능입니다. 갈보리 언덕 위에서 드러낸 아버지의 전능은 저의 고통을 없애 주시는 전능이 아니라, 그것을 받아들이게 하고, 죄를 회개하게 하고, 온전한 사람으로 치유해 가시는 전능입니다. 한 걸음 더 나아가서 아버지의 전능은 우리를 폭력, 증오, 파괴로부터 해방시키고 새로운 미래를 내다보게 하는 전능입니다. 폭력과 증오는 전능이 아니라 약함, 비열함, 열등감입니다. 아버지의 전능은 그러한 전능이 아닙니다.

아버지의 전능은 파괴적이며 냉혹한 삶의 방식을 추구하게 하는 전능이 아닙니다. 아버지의 전능은 체념, 운명론, 절망으로부터 동터오는 새로운 희망의 아침을 보게 하는 전능입니다. 아버지의 전능은 타락한 세상을 포기하고 단념하는 것이 아니라, 타락했음에도 이 세상을 받아들이고, 보존하시며, 유지해 가시는 전능입니다.

우리가 전능한 아버지를 가까이서 이해해 갈수록 조급함, 과격, 흥분에서 벗어나게 되고, 인내와 소망 안에서 살게 됩니다. 인도의 간디가 주장한 비폭력도 근원을 캐 보면 역시 하나님의 전능하심에 이르게 됩니다. 인류 역사를 돌아보면 하나님께 신실했던 사람들의 공통점은, 어떤 사회적 문제를 해결해 가는 과정에서 총이나 칼, 폭력 대신 '비폭력'을 원칙으로 했다는 것입니다.

그러한 윤리관은 전능하신 아버지를 신뢰했기 때문에 가능했습니다. 우리 아버지를 전능하신 분이라고 믿는 자녀들은 누구보다도 아버지의 전능이 무엇인지 잘 알고 있기 때문에 그 전능하심에 자신을 위탁하게 됩니다.

우리 그리스도인들이 이 세상을 포기하지 않는 근거 역시 아버지의 전능에 있습니다. 우리가 우리에게 지워진 삶의 짐을 지고 가면서도 아버지께 감사하고 그분을 찬양하는 것은 그분이 전능하신 분이기 때문입니다.

전능하신 아버지를 믿는 사람은 환상이나 영웅심에 사로잡혀 살지 않습니다. 그들은 인생에 대해 진지하며 끈기가 있습니다. 그리고 단호하고 확고합니다. 왜냐하면, 아버지가 전능하신 분이심을 믿고 고백하기 때문입니다. 우리가 "전능하신 아버지 하나님을 믿습니다. 아멘" 하는 것은 우리의 아버지가 그러한 전능자이시기 때문입니다. 만약 전능하신 아버지가 히틀러나 변덕스러운 마술사라고 한다면 우리는 결코 "아멘" 할 수 없습니다.

일상적인 삶에서 우리가 믿음의 관점을 매순간 바르게 세워 가면, 이 전능하신 아버지를 더욱 진지하게 대면해 갈 수 있습니다. 그럴 때 비로소 "나는 전능하신 아버지 하나님을 믿습니다. 아멘" 하게 됩니다.

유대인들이 예수를 빌라도에게 데리고 와서 십자가에 못박도록 강요했을 때, 빌라도는 마지막으로 예수를 군중 앞에 세우고 "보라 이 사람을"(Ecce homo)이라는 유명한 말을 남겼습니다. "이 사람을 보라." 이 말을 다른 말로 바꾸어 표현하면 "이 아버지를 보라.", "너희의 전능하신 아버지를 보라." 입니다. 그는 전능하신 분이기 때문에 자기 자녀들의 죄를 걸머지고 십자가에 달리셨습니다. 그 전능하신 분은 죄와 죽음의 권세를 이기시고 부활하셨습니다. "전능하신 아버지를 보라"(요 19:5 참조).

사도 요한은 이 아버지는 사랑이시라고 증언합니다. "사랑에 묶여 있는 전능하신 아버지를 보라"고 증언합니다. 그 아버지는 사랑의 한계 가운데서 전능한 일을 이루어 가는 분이십니다. 전능하신 아버지 하나님은 사랑이시기 때문에 파괴와 분열이 아닌 지속적인 창조를 이루어 가십니다. 그분은 세상을 창조하셨고, 범죄한 인류에게 파멸이 아닌, 다시 사는 영생의 길을 마련해 주셨습니다.

사도 요한은 이 전능하신 아버지의 자녀들은 아버지를 닮아 가야 한다고 했습니다. 아버지를 닮는 길은 서로 사랑하는 일입니다. 사도 요한은 이렇게 말씀합니다.

"사랑하는 자들아 우리가 서로 사랑하자 사랑은 하나님께 속한 것이니 사랑하는 자마다 하나님께로 나서 하나님을 알고"(요일 4:7).

"사랑은 여기 있으니 우리가 하나님을 사랑한 것이 아니요 오직 하나님이 우리를 사랑하사 우리 죄를 위하여 화목제로 그 아들을 보내셨음이니라"(요일 4:10).

"어느 때나 하나님을 본 사람이 없으되 만일 우리가 서로 사랑하면 하나님이 우리 안에 거하시고 그의 사랑이 우리 안에 온전히 이루느니라"(요일 4:12).

"아버지가 아들을 세상의 구주로 보내신 것을 우리가 보았고 또 증거하노니"(요일 4:14).

사랑하는 여러분, 우리는 전능하신 하나님을 아버지로 모시고 살아가고 있습니다. 이 아버지는 우리와 깊은 교제를 원하십니다. 이 아버지는 우리를 자신의 창조의 동역자로 부르고 계십니다.

복습을 위한 질문

1. 십자가와 부활을 통해 드러난 하나님 아버지의 부성애는 어떤 것들인지 요약해 봅시다.

2. 우리는 자칫 악한 사람을 때려부수는 것이 하나님의 전능이라고 생각하기 쉽습니다. 본문에서 말하고자 하는 하나님의 전능은 무엇입니까?

3. 우리가 하나님의 전능을 바로 알고 믿을 때, 우리 삶이 어떻게 바뀌게 될지 나누어 봅시다.

4 천지를 만드신 하나님

여호와여 주의 하신 일이 어찌 그리 많은지요

주께서 지혜로 저희를 다 지으셨으니 주의 부요가 땅에

가득하니이다 저기 크고 넓은 바다가 있고 그 속에 동물 곧

대소 생물이 무수하니이다

선척이 거기 다니며 주의 지으신 악어가 그 속에서 노나이다

이것들이 다 주께서 때를 따라 식물 주시기를 바라나이다

주께서 주신즉 저희가 취하며 주께서 손을 펴신즉 저희가

좋은 것으로 만족하다가 주께서 낯을 숨기신즉 저희가 떨고

주께서 저희 호흡을 취하신즉

저희가 죽어 본 흙으로 돌아가나이다

주의 영을 보내어 저희를 창조하사 지면을 새롭게 하시나이다

여호와의 영광이 영원히 계속할지며 여호와는 자기 행사로 인하여

즐거워하실지로다

시편 104편 24-31절

앞 장에서 우리가 공부한 내용은, '전능하신 아버지 하나님'에 대한 고백이었습니다. 이 장에서는 '천지를 만드신 하나님'에 대한 고백을 공부해 보겠습니다. 하나님은 우리의 아버지이시며, 이 아버지는 전능하신 분입니다. 이 전능하신 아버지 하나님이 천지를 만드셨습니다.

J. M. 로흐만 교수는 '천지를 만드신 하나님'에 대해 이렇게 말했습니다.

"하나님은 홀로 있기를 바라시는 것이 아니라, 함께 있으려 하고 새로운 현실을 일으키려는 결심을 지니고 계신다. 그것이 바로 모든 존재하는 것들을 총괄하는 하늘과 땅이다. 그래서 세계가 있다. 세계는 전능하신 아버지상을 지향하고 있기 때문에, 창조는 혐오스럽고 속이는 현실이 아니라, 현실적이고 선한 것이다. 창조자의 관점에서 창세기의 보고가 명백하게 확인하고 있듯이, '이렇게 만드신 모든 것을 하나님께서 보시기에 좋았다'"(창 1:31).

'천지를 지으신 하나님' 고백이 갖는 의미

사도신경에서 전능하신 아버지 하나님을 창조주로 고백하는 것은 다음과 같은 몇 가지 중요한 의미가 있습니다.

먼저, 신학적으로 삼위일체 되신 하나님 외에 모든 대상을 비신화화(非神話化)하고, 모든 가치와 상태의 절대화를 거부한다는 의미가 있습니다. 이는 하나님 외에는 이 세상에 신격화하거나 그 가치나 조건을 절대화할 수 있는 것이 아무것도 없다는 뜻이며, 아울러 이 세상에 있는 어떤 것도 그 자체가 절대적이거나 영원히 변하지 않는 것은 없다는 뜻입니다.

그리고 창조된 세계는 무질서하고 변덕스럽게 자기들 멋대로 되어 가는 것이 아닙니다. 오로지 이 세상을 창조하신 하나님이 전체의 시간을 다스리고, 형성하며, 목적을 결정하고, 완성하면서 그 모든 것을 포괄해 가십니다. 다시 말하면 하나님의 창조는 그 자체로서 마지막이 아니라 만물을 새롭게 하시는 창조의 시작입니다. 그런 의미에서 하나님의 창조는 종말론적인 의미를 갖습니다. 시편이나 예언서에서 이 세상 일들에 대해 깊이 탄식하면서도 희망 가운데서 하나님을 찬양하며 기뻐하는 것은, 하나님의 창조가 최초의 세상 창조로 끝난 것이 아니라 하나님의 영광의 그날이라는 목표를 향해 계속 형성되며 완성되어 가고 있기 때문입니다.

만약 그런 의미가 없다면 하나님의 부르심이나 그분에 대한 응답, 그분의 영광과 승리에 대한 찬양은 있을 수 없습니다. 성서에서 보여 주는 희망은, 창조된 세상이 그대로 보존된다는 사실에 있지 않습니다. 오히려 이 창조된 세상이 죄로 말미암아 한없이 피폐해지고 파괴되어 가고 있지만, 하나님의 창조는 중단되지 않고 지속된다는 데 있습니다.

우리는 그러한 사실을 노아 시대에 있었던 하나님의 홍수 심판에서 보게 됩니다. 하나님께서 그 시대에 사람들의 죄가 세상에 가득함과, 그들이 마음으로 생각하는 모든 계획이 항상 악할 뿐임을 보셨습니다. 그리고 나서 자신이 창조한 모든 것을 지면에서 쓸어버리기로 작정하고, 물로 심판하셨습니다(창 6:1-8).

창세기 저자가 말하고자 하는 것은, 심판 그 자체이기보다는 그러한 심판으로 말미암아 하나님이 창조하신 세상이 혼돈으로 돌아가는 것이 아니라 혼돈을 넘어서 새로운 창조로 나아간다는 사실입니다. 혼돈의 대지 위에 떠오른 무지개가 바로 그러한 사실을 우리에게 말해 주고 있습니다. 하나님이 창조주이심을 고백하는 사람은 언제나 어두움 가운데서 하나님의 희망을 보게 되기 때문에 그분을 찬양하게 됩니다.

둘째, 우주론적인 의미에서 하나님의 창조는 보이는 세계와 보이지 않는 세계 모두를 포괄합니다. 천지(天地)라는 말은 하늘과 땅을 의미합니다. 하늘은 보이지 않는 세계를 의미하며, 땅은 실제로 존재하면서 보이는 모든 것을 의미합니다. 여기서 보이지 않는 세계란

천상 세계를 의미할 뿐 아니라 정신 세계도 의미합니다. 보이지 않는 천상 세계에는 천사들이 있습니다. 그리고 보이지 않는 정신 세계에는 철학적인 이념과 신화의 세계 그리고 초자연적인 힘이 있습니다.

사도신경에서 하나님을 창조주로 고백하는 것은, 이러한 모든 것들도 피조물이지 그것들 자체가 영원한 것은 아니라는 의미입니다. 사도 바울은 이러한 것들이 창조주 하나님과 동등할 수 없다는 사실에 대해 다음과 같이 말합니다.

"내가 확신하노니 사망이나 생명이나 천사들이나 권세자들이나 현재 일이나 장래 일이나 능력이나 높음이나 깊음이나 다른 아무 피조물이라도 우리를 우리 주 그리스도 예수 안에 있는 하나님의 사랑에서 끊을 수 없으리라"(롬 8:38, 39).

여기서 창조에 대해 우리의 눈을 새롭게 열어 주고 있는 것은, 하나님의 창조는 이 땅 위에 있는 눈에 보이는 것들에 국한되지 않는다는 점입니다. 우리가 이해하고 있는 창조는 반드시 눈에 보이는 어떤 새로운 사건이 일어나는 것입니다. 그러나 하나님의 창조는 눈에 보이지 않는 영역도 포함합니다. 심지어 땅 위에 있는 모든 것이 소멸하고 없어진다 해도 하나님의 창조가 끝나는 것은 아닙니다. 이러한 사실에 대해 사도 베드로는 베드로후서에서 이렇게 말합니다.

"하나님의 날이 임하기를 바라보고 간절히 사모하라 그 날에 하늘이 불에 타서 풀어지고 체질이 뜨거운 불에 녹아지려니와 우리는 그의 약속대로 의의 거하는 바 새 하늘과 새 땅을 바라보도다"(벧후 3:12, 13).

이 땅 위의 모든 것이 다 녹아 없어지면 하나님의 창조는 끝이라고 단정해 버릴 수 있습니다. 그러나 그러한 관점은 하나님의 창조에 대한 고정관념임을 알아야 합니다. 창조란 눈에 보이는 어떤 형태를 이루어 가는 것이라고 단정하기 때문입니다. 그러나 사도신경에서의 하늘과 땅을 만드신 창조주에 대한 고백은 창조에 대한 그러한 제한된 인식에 갇혀 있는 우리를 해방시킵니다.

하나님의 창조를 눈에 보이는 것에 한정시킴으로, 교회에서조차 눈에 보이는 어떤 실증적인 사건들이 일어나지 않으면 성령의 역사가 중단되었다고 생각합니다. 교인들이 많이 몰려들지 않고, 헌금이 많이 걷히지 않고, 교회 건물이 크게 증축되지 않으면 성령의 역사는 없다고 생각합니다.

오늘날 한국 교회는 성령의 창조 역사가 반드시 내 교회의 양적 팽창 가운데만 있다고 생각합니다. 이러한 고정관념이 교회 됨을 더욱더 포기하게 합니다. 그러나 하나님의 창조는 눈에 보이지 않는 가운데서도 진행되고 있습니다.

과학기술에 의해 유전공학이 발전하고, 우주선을 발사해서 미지의 은하계를 정복하는 일만이 창조는 아닙니다. 이러한 창조 개념은 인간의 삶의 상황을 더욱더 황폐하게 하고 위협적으로 몰아가고 있습니다. 하나님의 창조는 유물론적인 것만이 아닙니다. 하나님의 창조는 일차원적인 것을 넘어서 눈에 보이지 않는 차원의 영역도 포함합니다.

우리의 신앙고백은 그런 의미에서 유물론적 차원을 넘어섭니다.

'하늘과 땅을 만드신 하나님을 믿습니다'는 고백은, 이미 다 지어진 세상을 돌아보며 그 사실을 확인하는 데 그치는 것이 아닙니다. 또한 이 하나님의 창조가 지금 우리 현실 세계에서 과학의 힘을 통해 인간의 삶을 계속 개선시켜 앞으로도 인간에게 행복을 가져다 줄 것을 확신하는 고백도 아닙니다. 하나님 외에 또 다른 정신 세계가 있다는 사실을 받아들이는 것도 아닙니다. 이 고백은 하나님만이 유일한 창조주이시며, 하나님의 창조는 보이는 세계와 보이지 않는 세계를 다 포괄한다는 믿음의 고백입니다.

셋째, 창조주 하나님에 대한 고백에는 인간학적인 의미가 내포되어 있습니다. 종교 개혁자 루터의 교리 문답에 다음과 같은 내용이 있습니다.

"나는 모든 피조물과 함께 나를 창조하신 하나님을, 내게 몸과 영과 눈과 귀와 모든 지체들을, 이성과 모든 감각을 주셨고 보존하시는 하나님을, 거기에 의복과 구두와 음식과 음료수를, 집과 뜰과 아내와 자녀를, 토지와 소와 그리고 모든 선물들을 주신 하나님을, 그리고 무엇보다 모든 악에서 지켜 주시고 보존하시는 하나님을 믿는다."

하나님이 하늘과 땅을 만드신 분이라는 고백은 인간이 맹목적인 운명에 내던져지지 않는다는 것을 의미합니다. 인간의 운명을 지배하고 다스리는 것은 하늘의 별이나 달, 해가 아닙니다. 오직 창조주 하나님이 인간의 주인이십니다. 예언자 예레미야는 이 창조주 하나님이 인간에 대해 갖고 계신 생각은 "재앙과 심판이 아니라 평안과 소망"(렘 29:11)이라 했습니다. 세상을 창조하신 하나님은 그가 창조하신 세상 전체를 사랑으로 돌보실 뿐 아니라, 그중에서도 특별히 인간에 대해 평안과 희망의 계획을 가지고 계신 분입니다.

창조주 하나님에 대해 이러한 믿음을 가졌던 예언자들은, 이스라엘이 절망 가운데 있을 때마다 분연히 일어나 자기 백성을 위로할 수 있었습니다. 그들이 이해한 이스라엘의 미래는 바벨론과 같은 강대국들의 손에 있지 않고 오직 창조주 하나님께 있다는 사실을 믿었기 때문입니다.

이스라엘이 바벨론 포로로 잡혀가 절망 가운데 있을 때, 예언자 이사야는 이스라엘의 운명이 바벨론 왕의 손에 있지 않다는 것을 알았습니다. 그래서 이사야는 이스라엘 백성을 향해 다음과 같은 위로의 말을 할 수 있었습니다.

"두려워 말라 내가 너와 함께 함이니라 놀라지 말라 나는 네 하나님이 됨이니라 내가 너를 굳세게 하리라 참으로 너를 도와 주리라 참으로 나의 의로운 오른손으로 너를 붙들리라"(사 41:10).

이런 믿음은 한 공동체에만 국한되는 것이 아니라 개인에게도 적용됩니다. 시편 기자는 이렇게 말합니다.

"내가 산을 향하여 눈을 들리라 나의 도움이 어디서 올꼬 나의 도움이 천지를 지으신 여호와에게서로다 여호와는 너를 지키시는 자라 여호와께서 네 우편에서 네 그늘이 되시나니 낮의 해가 너를 상치 아니하며 밤의 달도 너를 해치 아니하리로다"(시 121:1, 2, 5, 6).

사람의 운명을 주관하는 것은 해와 달, 별이 아닙니다. 창조주 하나님이십니다. 그러므로 아버지 하나님을 창조주로 고백하는 신앙에서는 궁합, 이사, 택일, 토정비결, 점, 굿 같은 것들이 다 의미 없습니다. 이는 우리 생명의 주인이 창조주 하나님이시기 때문입니다.

마지막으로, 천지를 만드신 하나님에 대한 고백에는 '하나님이 왜 세상을 창조하셨는가?'에 대한 문제도 포함됩니다. 이것은 하나님의 속성에 관한 문제로, 창조의 목적과 관련됩니다. 로흐만 교수의 말대로 하나님은 홀로 있기를 바라는 것이 아니라, 함께 있으려 하고, 새로운 현실을 일으키는 것을 좋아하십니다. 이것이 하나님의 사랑의 속성입니다. 하나님이 세상을 창조하신 것은 그의 사랑 때문입니다. 사랑은 언제나 선한 것, 보기 좋은 것을 만듭니다. 하나님이 하늘과 땅을 만드시고 보시기에 좋았다고 하셨습니다. 그분이 보시기에 좋은 창조는 이미 있는 어떤 것을 가지고 만들지 않았습니다. 아무것도 없는 가운데서 있게 했습니다.

하나님의 사랑에 대한 다음과 같은 기도문이 있습니다.

아버지,
세상 속을 걷노라면
때로 벅찬 감동에 휩싸일 때가 있습니다.
당신이 지으신 세상이기에
어느 곳에 머물든지 아름다움을 느낍니다.

당신을 그토록 아낌없이 주시는 분이 되게 하는 것은
무엇입니까?
당신을 그토록 사랑을 베푸시는 분이 되게 하는 것은
무엇입니까?
당신께 아무것도 드리지 않는 저희이거늘
사랑 그 자체가 아니라면
무엇이 당신으로 하여 저희를 그토록 사랑하게 하십니까?

아버지,
당신의 이름은 사랑입니다.
당신의 힘은 부드러운 연민입니다.

―조 만나스(Joe Mannath)

시편 104편 본문에서 시인은 창조주 하나님에 대해 다음과 같이 고백합니다.

"여호와여 주의 하신 일이 어찌 그리 많은지요 주께서 지혜로 저희를 다 지으셨으니 주의 부요가 땅에 가득하니이다 저기 크고 넓은 바다가 있고 그 속에 동물 곧 대소 생물이 무수하니이다 선척이 거기 다니며 주의 지으신 악어가 그 속에서 노나이다."

땅 위에 있는 모든 것이 그의 창조물입니다. 이 모든 창조물은 하나님으로 말미암아 존재해 가고 보존되어 갑니다.

"이것들이 다 주께서 때를 따라 식물 주시기를 바라나이다 주께서 주신즉 저희가 취하며 주께서 손을 펴신즉 저희가 좋은 것으로 만족하다가 주께서 낯을 숨기신즉 저희가 떨고 주께서 저희 호흡을 취하신즉 저희가 죽어 본 흙으로 돌아가나이다."

하나님의 창조는 처음 창조한 것으로 모든 것이 끝나지 않습니다. 하나님의 창조는 계속됩니다.

"주의 영을 보내어 저희를 창조하사 지면을 새롭게 하시나이다 여호와의 영광이 영원히 계속할지며 여호와는 자기 행사로 인하여 즐거워하실지로다."

사랑하는 여러분, 우리는 하늘과 땅을 만드신 전능하신 아버지 하나님을 믿습니다. 그분은 우리의 생을 주관하고 계십니다. 그분의 나라와 권세는 영원무궁합니다. 그러므로 우리는 그분만을 예배하고, 그분만을 찬양하고, 그분만을 영화롭게 해야 합니다.

하나님의 창조는 일회적인 것이 아닙니다. 하나님의 창조는 우리 인간들이 만들어 가는 혐오스럽고 속이는 현실이 아닙니다. 그분의 창조는 선한 창조입니다. 하나님의 창조의 궁극적인 목표는 만물을 새롭게 하시는 것입니다. 하나님은 창조의 사역을 위해 우리를 자신의 동역자로 부르고 계십니다. 우리가 현실 가운데서 하나님의 부르심에 귀 기울이는 것은 그분의 선한 창조가 계속 진행되고 있기 때문입니다.

오늘 우리는 혐오스러운 현실을 바라보며 때로 실망도 하고 좌절하기도 합니다. 그러나 그럼에도 하나님을 찬양하고 그분께 영광을 돌리는 것은, 이러한 현실 속에서도 하나님의 선한 창조는 지속되고 있기 때문입니다. 우리의 희망은 오직 만물을 보기 좋게 창조하시고, 만물을 새롭게 하시는 전능하신 아버지 하나님께 있습니다.

복습을 위한 질문

1. 사도신경에서 하나님을 '창조주'로 고백하는 것에 담긴 신학적 · 우주론적 · 인간학적 · 목적론적 의미 네 가지를 정리해 봅시다.

2. 우리가 이 세상에서 일어나는 일들에 탄식하면서도 희망을 가질 수 있는 이유는 무엇입니까?

3. '천지를 창조하신 하나님'에서 '천지'가 담고 있는 범위는 어디까지인지 우주론적 의미에서 살펴봅시다.

4. 하나님은 사랑의 속성 때문에 이 세상을 창조하셨습니다. 하나님의 사랑을 묵상해 보고, 내게 보이신 사랑에는 무엇이 있는지 반추해 봅시다.

5 유일하신 아들 주 예수 그리스도

예수께서 가이사랴 빌립보 지방에 이르러 제자들에게 물어 가라사대

사람들이 인자를 누구라 하느냐 가로되 더러는 세례 요한,

더러는 엘리야, 어떤 이는 예레미야나 선지자 중의 하나라 하나이다

가라사대 너희는 나를 누구라 하느냐

시몬 베드로가 대답하여 가로되

주는 그리스도시요 살아 계신 하나님의 아들이시니이다

예수께서 대답하여 가라사대 바요나 시몬아 네가 복이 있도다

이를 네게 알게 한 이는 혈육이 아니요 하늘에 계신 내 아버지시니라

또 내가 네게 이르노니 너는 베드로라 내가 이 반석 위에 내 교회를

세우리니 음부의 권세가 이기지 못하리라

내가 천국 열쇠를 제게 주리니 네가 땅에서 무엇이든지 매면

하늘에서도 매일 것이요 네가 땅에서 무엇이든지 풀면

하늘에서도 풀리리라 하시고

이에 제자들을 경계하사 자기가 그리스도인 것을 아무에게도 이르지

말라 하시니라

마태복음 16장 13-20절

옛적에 선지자들로 여러 부분과 여러 모양으로

우리 조상들에게 말씀하신 하나님이

이 모든 날 마지막에 아들로 우리에게 말씀하셨으니

이 아들을 만유의 후사로 세우시고 또 저로 말미암아

모든 세계를 지으셨느니라

이는 하나님의 영광의 광채시요 그 본체의 형상이시라

그의 능력의 말씀으로 만물을 붙드시며

죄를 정결케 하는 일을 하시고 높은 곳에 계신 위엄의 우편에

앉으셨느니라

히브리서 1장 1-3절

오늘 우리는 드디어 사도신경의 중심부에 이르렀습니다. 신학자 오스카 쿨만(Oscar Cullmann)은 "기독교 신앙의 출발점과 중심점은 그리스도이다"라고 했습니다. 우선순위로 보면 분명히 첫 번째 명제인 하나님이 먼저이며, 그 다음이 예수 그리스도, 그리고 성령입니다. 그러나 신앙의 출발점에서는 예수 그리스도가 먼저입니다. 그 이유는 예수 그리스도를 통해 하나님과 성령에 대한 신비의 빛이 드러나게 되고 신앙고백이 가능하기 때문입니다.

기독교 신앙을 가진 사람들, 기독교에 입문하려는 사람들 가운데 사도신경의 첫 번째 명제인 하나님에 대한 고백에는 별다른 갈등을 느끼거나 이의를 제기하지 않는 반면, 두 번째 명제인 예수 그리스도에 관해서는 신앙적으로 갈등하고 걸림돌로 느끼는 사람들이 많이 있습니다. 그러한 문제는 오늘 우리 시대뿐 아니라 초기 기독교 시대에도 그러했습니다. 사도 바울 자신도 이 대목이 유대인에게는 걸림돌이요, 헬라(그리스) 사람들에게는 어리석은 것이라고 시인했습니다.

유대인들에게 '전능하사 천지를 창조하신 아버지 하나님'에 대한 신앙은 아무런 문제가 되지 않았습니다. 그러나 예수 그리스도는 그들에게 큰 걸림돌이 됩니다. 헬라 사람들에게 '예수 그리스도 사건'은 그들의 철학적 지성에 맞지 않는 어리석은 것이었습니다. 지난 역사에서나 오늘의 현실에서 예수 그리스도가 신앙에 걸림돌이나 어리석음이 되는 것은 기독교 신앙에서 말하는 구원에 대한 이해 부족에서 생긴 것입니다.

사도신경에서 예수 그리스도에 대한 명제는 정교한 조직신학적 체계가 아닙니다. 그저 예수 그리스도가 누구인지를 서술적으로 표현하고 있습니다. 여기서 사도신경에 명시된 예수 그리스도가 누구인지를 공부하기에 앞서, 기독교 신앙에서 말하는 구원이 무엇인지 먼저 알아보기로 하겠습니다.

'구원'이란 무엇인가?

일반적으로 생각하는 종교적 구원은 심신의 수양을 통해 육체적·정신적 속박에서 벗어나 어떤 신비의 경지에 도달하는 것입니다. 이러한 이해에서 보면 구원은 '육체 밖에서', '세상 밖에서', '인격 밖에서' 일어나는 사건입니다. 지난날 제가 이해한 구원도 이 세상에서 좋은 일 하며 착하게 살면 죽은 뒤 천당 가는 것이었습니다. 그러한 구원관으로 보면, 금욕적인 삶은 최고의 미덕이 됩니다.

그러나 사도신경이 말하는 구원은 그것과는 반대입니다. 사도신경에서의 구원은 세상, 역사, 인격을 다 포함합니다. 그러한 구원은 인간 스스로의 심신 수련으로 얻을 수 있는 것이 아닙니다. 이 구원은 외부로부터 옵니다. 이것은 외부로부터 와서 잠자는 심령을 깨워 일어나게 하여 믿음, 소망, 사랑을 갖게 합니다. 로흐만 교수는 "기독교 신앙에서 구원은 벗어남이 아니라 하나님이 창조물에게 약속하신 바의 이행이다"라고 했습니다.

그리고 일반 종교와 철학에서 이해되는 구원은 역사 안에서가 아니라 역사로부터의 구원입니다. 이 구원은 곧 현실 세계의 모든 재앙, 실패, 고난으로부터 면제받는 것을 의미합니다. 그런데 기독교 신앙의 구원은 역사 안에서 이루어지는 구원입니다. 사도신경에서 말하는 하나님은 역사의 현실을 멀리 떠나 저 피안의 세계에 숨어 계시는 분이 아닙니다. 그는 인간이 살고 있는 이 역사의 현실로 직접 찾아오신 분입니다. '임마누엘'이라는 말은 하나님이 우리 가운데 계시는 분이라는 뜻입니다.

시편 11편에서 시인이 경험한 현실은 너무 살기 어려운 상황이었습니다. 시인은 자기 시대의 상황을 "악인이 활을 당기고 화살을 시위에 먹임이여 마음이 바른 자를 어두운 데서 쏘려 하는도다"(2절)라고 표현했습니다. 그러한 상황에서 시인의 친구들은 시인더러 산으로 도망하라고 했습니다. 그러나 시인은 이를 거절하고 자기는 "하나님께 피했다"고 했습니다. 시인이 하나님께 피했다는 것은 현실 도피가 아닙니다. 하나님과 함께 현실의 고난을 직면하면서 투쟁하며 싸워 나가겠다는 뜻입니다.

사도신경에서 하나님은 무감정의 하나님, 피안의 세상에서 승리해서 들어오시는 하나님이 아닙니다. 사도신경의 하나님은 죄와 불법과 악이 있는 현실과 마주 대면하여, 투쟁하며 승리해 가시는 하나님입니다. 기독교 신앙에서 구원은 개인이 하나님을 찾아 나서는 것이 아니라, 하나님이 개인의 삶에 개입하시는 것입니다.

예수 그리스도, 크로노스 안으로 들어온 카이로스

일반 종교에는 석가모니, 마호메트 같은 종교 창시자들이 있습니다. 그들은 인간 스스로가 종교적 수련을 통해 구원에 이르는 길을 안내해 줍니다. 그런 의미에서 그들은 종교적 선각자들입니다.

그러나 기독교 신앙에서 예수 그리스도는 기독교의 창시자가 아닙니다. 그는 하나님의 아들로서 인간에게 구원을 주시기 위해 역사 안으로 들어오신, 그 자신이 길이요, 진리요, 생명입니다. 그래서 초대 교회 사도들은 그들의 설교에서 "다른 이로서는 구원을 얻을 수 없나니 천하 인간에 구원을 얻을 만한 다른 이름을 우리에게 주신 일이 없음이니라"(행 4:12)고 하였습니다.

사도신경의 두 번째 고백의 명제는 "나(우리)는 그의 유일하신 아들 우리 주 예수 그리스도를 믿습니다"입니다. 여기서 먼저 그리스도의 의미를 살펴보고자 합니다.

'그리스도'는 헬라어이며 히브리어로는 '메시아'입니다. 메시아는 유대 민족이 고대하던 구세주입니다. 특히 그들이 고난 가운데 있을 때 이 메시아에 대한 기대는 절정에 달했습니다. 그들은 메시아가 오면 그들이 현재 당하고 있는 개인적인 문제와 사회적인 문제가 다 해결될 것이라고 기대했습니다. 그가 오심으로 새 역사가 시작될 것이라 기대했습니다.

신구약 성서에서 그리스도는 새 일, 새 역사, 새 삶으로 동일시됩니다. 사도 바울은 그의 서신에서 '그리스도 안에'라는 말을 자주 사용했는데, '그리스도 안에 있으면 새로운 피조물'(고후 5:17), '그리스도 안의 새 삶'(딤후 1:1), '그리스도 안에 있는 존재'(롬 8:1) 등의 표현들은 모두 그러한 의미로 사용된 것입니다.

그러므로 기독교 신앙에서 그리스도인이라는 말은 '그리스도 안에서 새 삶, 새 운명, 새 목표, 새 의미, 새 가치를 가지고 그리스도의 사역에 참여한 사람'을 의미합니다. 그리스도인이란 예수 믿고 이 세상에서 잘 살다가 내세에 천당에 가는 사람을 의미하지 않습니다. 그것은 '그리스도의 의미 가운데 있는 사람'을 뜻합니다. "이 그리스도가 누구냐?"는 물음에 사도신경은 그리스도는 예수라고 답합니다. 예수는 그리스도입니다.

이제 예수라는 이름에 대해 알아보고자 합니다. 예수라는 이름은 신구약 성서에서 그리스도에게만 붙여진 이름이 아닙니다. 그리스도 외에 여러 사람에게 명명된 이름입니다. 그 대표적인 인물이 모세에 이어 이스라엘 백성을 가나안으로 인도한 여호수아입니다. 예수는 히브리어로 여호수아이며, 그 뜻은 '구원자'입니다.

성서에서는 이름이 매우 중요시됩니다. 우리나라 풍습에서도 장차 어떤 사람이 되어가라는 뜻에서 신중하게 고려해 이름을 짓곤 합니다. 그러나 성서에서 이름은 그 사람의 성품, 인격, 행동을 나타내는 것입니다.

한 가지 예를 들어 보겠습니다. 자선사업을 많이 하고 덕과 사랑이 있는 사람으로 널리 알려져 칭찬과 존경을 받는 사람이 있다면, 사람들은 그가 누구인지 알고 싶어 합니다. 그럴 때 그 사람의 이름이 '덕애'(덕과 사랑이 있는 사람)라고 소개됩니다. 사람들은 그 이름을 통해 그가 어떤 일을 하는 사람인지 알게 되고, 또 그가 하는 일을 통해 그의 이름을 생각하게 되는 것입니다.

예수라는 이름의 의미도 이와 같습니다. 그는 이 세상에 오셔서 매우 구체적인 구원의 일을 하셨습니다. 그러한 구원을 행하신 분이 누구인지에 대해 복음서는 그분이 바로 예수라고 말합니다. 그 예수가 구원의 하나님이라고 말합니다. 그래서 예수라는 이름은 구원 그 자체입니다. 구원의 하나님이 예수라는 이름의 얼굴을 가진 한 인격으로 이 세상에 찾아오신 것입니다. 영원히 이 현실 속으로 들어온 것입니다. 시간 개념으로는 크로노스(태어난 모든 것을 소멸시키는 시간 자체의 속성을 의미—편집자) 안으로 카이로스(하나님의 시간)가 들어온 것입니다.

다음으로 '주'(主)입니다. 이 주는 신약 성서에 무려 600번 정도 나오는 매우 보편적인 호칭입니다. 주라는 말은 '소유주'를 의미합니다. 사도신경에서 '예수 그리스도는 우리의 주'시라고 말합니다. 그것은 예수 그리스도가 우리의 몸, 마음, 영혼의 소유자일 뿐 아니라, 이 세상 만물을 만드시고 보존해 가시는 주인이시라는 뜻입니다.

그리스도인은 현재와 미래에서 오직 그분이 역사와 우리 삶의 주인이심을 고백하는 사람들입니다. 그리스도인에게 주인은 오직 예수 그리스도 한 분뿐입니다. 그분 외에 다른 이는 없습니다. 그래서 그분을 나의 주로 고백하게 됩니다.

기독교 역사를 돌이켜 보면, 예수 그리스도를 나의 주로 고백하는 것으로 인해 많은 믿음의 선배들이 고통을 당했습니다. 그들은 예수 그리스도가 아닌 다른 대상을 주로 고백하도록 강요당하고, 채찍에 맞고, 옥에 갇히기도 하고, 사자 굴에 던져지기도 하고, 십자가에 달리기도 했습니다.

이와 같이 주에 대한 그리스도인의 고백은 피안의 세계가 아닌 현실의 역사 안에서 이루어집니다. 그래서 그리스도인들은 역사 안에서 다른 대상을 주로 고백하는 일을 모두 배격합니다.

'유일한 아들'은 '혈통적 독자'가 아니다

마지막으로 '유일하신 아들'입니다. 우리가 사용하는 번역에는 '그 외아들'로, 그리고 신약 성서에는 '독생자'로 번역되어 있습니다. 그런데 이런 번역에는 문제가 있습니다. 외아들 또는 독생자는 부부 관계에서 태어나는 아들, 곧 혈통을 이어받은 독자를 의미합니다.

그러나 예수 그리스도는 그런 의미의 아들이 아닙니다. 영어로

'His only Son', 곧 유일한 아들이라는 뜻입니다. 라틴어로도 같은 뜻으로 되어 있습니다.

예수 그리스도가 유일한 아들이란 말의 의미는 그리스도의 역사 가운데서 찾아볼 수 있습니다.

첫째, 예수 그리스도가 유일한 아들이라는 말은 그리스도의 내적 차원과 관련된 것으로, 예수와 아버지의 유일한 관계를 표현한 것입니다. 이것은 예수와 아버지 사이에 의지, 행동, 본질이 일치한다는 말입니다. 그러한 점에서 그는 유일한, 곧 '누구와도 비교할 수 없는' 유일한 아들입니다. 그는 하나님 안에 있고, 아버지는 그 안에 있습니다. 그는 자신을 가리켜 "나와 아버지는 하나다"라고 했습니다.

둘째, '유일한 아들'은 본질상 하나님과 동일하셨지만, 하나님과 같이 되려 하지 않으시고 스스로 종의 모습으로 오셨습니다. 그 종의 모습에서 그가 하나님의 유일한 아들임이 더욱 분명해졌습니다. 하나님이 세상을 극진히 사랑하고 계신다는 사실이 그의 유일한 아들에게서 드러나게 되었습니다. 그는 종의 삶을 통해 자신이 이스라엘 민족만을 위한 메시아가 아니라 전 인류를 위한 메시아이심을 분명히 드러내셨습니다.

셋째, 이 유일한 아들은 섬김을 받는 자리에 홀로 있지 않고, 섬김의 자리에서 자기 자신을 대속물로 내놓으셨습니다. 그가 자신을 대속물로 내놓음으로 하나님과 인간 사이에는 화해가 이루어졌습니다. 그 화해로 그는 하나님을 아버지로 모시는 사람들과 형제의 관계를 이루었습니다.

히브리서 저자는 마지막 때에 하나님이 이 아들을 통해 말씀하신 다고 했습니다. 그는 하나님의 영광의 광채시요, 그 본체의 형상이시라고 하셨습니다. 하나님은 나사렛 예수의 역사 안에서 우리를 찾으시는 분으로, 우리를 기다리시는 아버지로, 우리를 섬김의 자리로 불러내시는 분으로 찾아오셨습니다.

그리스도를 아는 지식

그리스도인이 된 사람과 불신자인 친구가 대화를 나누고 있었습니다.

"그래, 자네 그리스도인이 됐다지?"

"그렇다네."

"그럼 그리스도에 대해 많이 알겠군. 어디 좀 들어 보세. 그 양반 어디서 태어났지?"

"모르겠는걸."

"몇 살 때 죽었나?"

"모르겠네."

"설교는 몇 차례나 했어?"

"몰라."

"아니, 자넨 그리스도인이 되었다면서 그리스도에 대해 아는 게 없잖아!"

"자네 말이 맞네. 아닌 게 아니라 아는 게 없어서 부끄럽네. 하지만 이 사실 하나는 분명히 알고 있지. 3년 전 난 주정뱅이에다 빚도 많았고, 내 가정은 산산조각이 돼 가고 있었지. 저녁마다 아내와 자식들은 내가 집으로 돌아오는 걸 무서워했지. 그러나 이젠 술도 끊었고, 빚도 갚았고, 우리 가정은 화목해졌네. 저녁마다 아이들은 나를 목이 빠져라 기다리게 되었거든. 이게 모두 그리스도께서 나에게 주신 복일세. 또한 그분이 나를 사랑하고 계시다는 것을 나는 알고 있다네. 이것이 내가 그분에 대해 알고 있는 것이라네.”

예수님은 우리에게 자신에 관한 신학적 지식이 얼마나 있느냐를 묻지 않으십니다. 그분은 우리에게 “너는 나를 누구라 하느냐?”고 물으십니다. 예수님은 제자들에게 “너희는 나를 누구라 하느냐?”고 물으셨습니다. 그때 베드로는 “주는 그리스도시요 살아 계신 하나님의 아들이시니이다”라고 고백했습니다. 예수께서 그 고백(반석) 위에 교회를 세우겠다고 하셨습니다.

사랑하는 여러분, 우리가 그를 ‘그의 유일하신 아들 우리 주 예수 그리스도’로 고백하는 것은 내세의 문제가 아닌 현실의 문제입니다. 현실에서 우리는 어떤 사람으로 살아가느냐 하는 문제와 관련된 것입니다. 현실에서 나의 주, 나의 생명, 나의 목적, 나의 의미, 나의 가치가 무엇이냐 하는 이 문제가 바로 예수 그리스도에 대한 고백과 관련됩니다. 그것은 곧 ‘오늘 현실에서 나는 구원받은 사람으로 살아가고 있는가?’ 하는 질문, 다시 말하면, ‘나는 하나님과 화해 가운데 살고 있는가?’ 하는 질문입니다.

복습을 위한 문제

1. 일반 종교와 철학에서 말하는 구원의 의미와 기독교에서 말하는 구원은 어떻게 다릅니까?

2. 사도신경의 두 번째 명제에 나오는 그리스도, 예수, 주가 의미하는 바는 무엇입니까?

3. 예수 그리스도가 '유일하신 아들'이란 의미를 재정리해 봅시다.

4. 지금 현실에서 나는 유일하신 아들 예수 그리스도를 주로 고백하며 살아가고 있습니까? 오늘 나와 그리스도의 관계는 어떠한지 재점검하는 시간을 가진 뒤, 각자 기도문을 써 봅시다.

6 성령으로 잉태되사 동정녀 마리아에게서 나시고

여섯째 달에 천사 가브리엘이 하나님의 보내심을 받들어

갈릴리 나사렛이란 동네에 가서 다윗의 자손 요셉이라

하는 사람과 정혼한 처녀에게 이르니 그 처녀의 이름은 마리아라 그에게

들어가 가로되 은혜를 받은 자여 평안할지어다 주께서 너와 함께하시도다

하니 처녀가 그 말을 듣고 놀라 이런 인사가 어찌함인고 생각하매

천사가 일러 가로되 마리아여 무서워 말라

네가 하나님께 은혜를 얻었느니라

보라 네가 수태하여 아들을 낳으리니 그 이름을 예수라 하라

저가 큰 자가 되고 지극히 높으신 이의 아들이라 일컬을 것이요

주 하나님께서 그 조상 다윗의 위를 저에게 주시리니 영원히 야곱의 집에

왕노릇하실 것이며 그 나라가 무궁하리라 마리아가 천사에게 말하되

나는 사내를 알지 못하니 어찌 이 일이 있으리이까

천사가 대답하여 가로되 성령이 네게 임하시고 지극히 높으신 이의 능력이

너를 덮으시리니 이러므로 나실 바 거룩한 자는

하나님의 아들이라 일컬으리라

보라 네 친족 엘리사벳도 늙어서 아들을 배었느니라

본래 수태하지 못한다 하던 이가 이미 여섯 달이 되었나니 대저

하나님의 모든 말씀은 능치 못하심이 없느니라 마리아가 가로되

주의 계집종이오니 말씀대로 내게 이루어지이다 하매 천사가 떠나가니라

누가복음 1장 26-38절

사도신경에서 제일 논란이 많은 부분이 '성령으로 잉태되어 동정녀 마리아게서 나셨다' 는 명제입니다. 이 대목은 실제로 예배에 참석하여 신앙고백을 하는 신자들도 침묵하며 그냥 지나치기 쉬운 부분입니다.

사도신경의 논쟁점 : '하나님의 자기비하' 사건

이 명제에서 논쟁점, 걸림돌이 되는 것은 예수가 '동정녀 마리아에게서 나셨다' 는 내용입니다. 곧 남자 없이 여자 혼자서 아이를 낳을 수 있는가 하는 생물학적 문제가 논란의 주된 내용인 것입니다. 특히 오늘과 같은 과학주의 시대에서 이 문제는 더더욱 큰 걸림돌이 됩니다. 이 논란의 문제에 대해 제가 해답을 제시하고자 하는 것은 아닙니다. 그런 시도는 무의미한 시간 낭비일 뿐 아니라 사도신경의 근본 의도와도 다릅니다.

이 명제는 하나님이 인간의 세상으로 찾아오실 때 하나님 스스로 택하신 신비입니다. 사도신경에 이 명제가 고백의 내용으로 포함된 것은 동정녀가 잉태하는 것이 가능한가, 불가능한가를 문제 삼기 위함이 아닙니다. 이 명제의 근본 핵심은 '하나님의 성육신' (Incarnation)입니다. 따라서 그가 '성령으로 잉태되사 동정녀 마리아에게서 나신 것을 믿습니다' 라는 신앙고백은, '하나님이 순수한 인간이 되사 우리 가운데 찾아오신 것을 믿습니다' 라는 뜻이 됩니다.

이 고백은 하나님께서 택하신 방법 그대로를 존중하고 받아들인다는 의미가 내포되어 있습니다. 이 명제가 명확히 밝히는 것은, 하나님께서 친히 인간의 역사 속으로 들어오실 때 거의 모든 영역에서 인간이 겪는 전 과정을 받아들이셨다는 것이며, 동시에 그 모든 결정과 수용 과정의 선제권(先制權) 곧 주도권을 전적으로 그가 갖고 계셨다는 사실입니다.

만약 사도신경에서 이 명제가 빠진다면 예수 그리스도의 십자가 죽음과 부활은 없습니다. '동정녀 마리아에게서 태어나셨다' 는 명제는 십자가와 부활의 명제를 사실화하는 전(前) 사건입니다. 이 명제는 상징도, 비유도 아닙니다. 이것은 구체적인 사건입니다. 이 사건은 인간에 의해 이루어진 것이 아니라, 이 세상을 사랑하신 하나님께서 당신 자신을 낮추신 사건입니다. 다른 말로 표현하면 '하나님의 자기비하' 사건입니다.

로흐만 교수는 이 사건에 대해 이렇게 말했습니다.

"이 구원은 하늘과 땅 사이의 어떤 곳에 머물지 않고, 인격적이고 집단적인 역사 안에 살고 있는 우리 인간의 세계에서 이루어졌다. 하나님의 아들이 감당한 헌신적인 자기희생을 통해 하나님은 우리 인간과 관계를 맺게 되었고(무조건적 연대성), 인간과 같이 되셨으며(동일성), 참 인간이 되신 것이다."

사도신경에서 중요한 명제는, 하나님의 구원이 인간의 현실에서 구체적으로 어떻게 시작되었는가 하는 문제입니다. 다시 말하면, 하나님의 아들이 어떻게 헌신하여 우리와 연대성과 동일성을 이루었나 하는 질문입니다. 이러한 물음에 사도신경은 "성령으로 잉태되사 동정녀 마리아에게서 나심으로부터 시작되었다"고 답합니다.

'성령으로 잉태되사 동정녀 마리아에게서 나시고'에 담긴 의미

누가복음 1장 26절에서 28절까지의 본문은 성화를 그리는 화가들이 그림의 소재로 즐겨 택하는 내용입니다. 본문의 내용은 '수태고지'(受胎告知)입니다.

이 본문을 한 폭의 그림으로 상상해 볼 때 그림의 핵심은 동정녀가 아이를 낳는 기적에 있지 않습니다. 이 그림이 지시하는 방향은 '보라! 하나님의 아들이 한 여인의 몸을 빌려 인간으로 이 세상에 오실 것이다'라는 데 있습니다. 그러한 하나님의 창조의 일에 은혜를 입은 여인은 약혼한 여자로서는 너무나 위험한 일임에도 그 일을 겸허하게 받아들입니다. 그리하여 그녀는 인류 역사에서 하나님의 아들을 영접하는 최초의 사람이 됩니다.

그런데 이 명제에는 몇 가지 중요한 뜻이 있습니다. 그것을 정리하면 다음과 같습니다.

먼저, '성령으로 잉태되사'에서 '잉태되다'라는 말은 어떤 근원을 의미합니다. 하나님의 새로운 역사의 궁극적인 수태, 그 참된 주도권은 전적으로 창조의 영이신 성령께 있었습니다. 예수 그리스도의 역사의 시작이 인간의 능력이나 선제권에 의존하지 않고 전적으로 성령에 의해 이루어진 것입니다.

본문에서 그러한 사실을 확인하게 됩니다. 천사가 마리아에게 찾아와 그가 아들을 낳을 것이라고 알려 주자 마리아는 자신이 "아직 남자를 알지 못한다"고 답합니다. 그러자 천사는 그 일이 남자의 도움 없이 성령의 능력으로 이루어질 것이라고 말합니다.

여기서 우리가 지나칠 수 없는 한 가지 분명한 사실은, 하나님의 아들이 인간이 되어 오심으로 예수의 역사는 하나님의 역사인 동시에 인간의 역사가 되었다는 것입니다. 이 역사는 하나님에게서 인간으로, 하늘로부터 땅으로, 영원한 근원으로부터 우리의 시간 안으로 이루어진 하나님의 역사인 동시에 인간의 역사입니다.

그 다음으로, '동정녀 마리아에게서 나시고'입니다. 이것은 하나님이 인간의 몸을 입고 인간의 역사 속으로 들어오실 때 어떤 길을 선택하셨는지 말해 줍니다. 사도 바울은 하나님의 인간 됨에 관한 중요한 대목에서 이렇게 말씀합니다.

"때가 차매 하나님이 그 아들을 보내사 여자에게서 나게 하시고 율법 아래에 나게 하셨다"(갈 4:4 참조).

이 말씀은 하나님의 아들이 인간의 본질적 차원에 모두 참여하셨다는 의미입니다. 인간의 본질적 차원에는 역사적·생물학적·종교적·문화적 차원이 있습니다. 인간의 본질은 이러한 차원을 떠나서 태어날 수도 없고 살아갈 수도 없습니다. 하나님이 이 모든 것에 다 참여하신 것은 하나님의 인간됨에서 중심 되는 사실입니다. 이 중심 되는 사건이 사도신경에서 고백됩니다.

우리들처럼 예수는 이 세계에서 태어났습니다. 그는 인간으로 어머니가 계셨습니다. 그리고 그는 종교적 차원과 문화적 차원에 참여하셨습니다. 실제로 예수 그리스도가 인간으로 태어나는 것을 시작으로 새로운 역사가 시작되었습니다. 그 역사와 함께 새로운 문화가 형성되었습니다. 그런데 그의 역사는 이 세상의 차원에 머물지 않고 그가 오신 영원을 목표로 향하고 있습니다.

쿠르트 마르티(Kurt Marti)의 시에 다음과 같은 내용이 있습니다.

하나님께서
탄생의 울음소리에
신상들을 부순 그때
마리아의 다리 사이에는
주름투성이의 붉은 빛
갓난아이가 누워 있었다

이 시는 예수가 살과 피를 가진 인간으로 이 세상에 오신 것을 말하고 있습니다. 만일 사도신경에 단지 성령으로 잉태되었다는 내용만 있고 마리아에게서 태어났다는 내용이 없었다면, 예수의 탄생은 순수한 한 인간으로서의 탄생이 될 수 없습니다. 그것은 하나의 신화나 상상으로 끝나게 됩니다. 그래서 반드시 마리아에 관한 내용이 포함되어야 합니다. 만약 인간의 경험이나 상식에 어긋난다고 하여 이 부분을 삭제한다면, 그것은 정직하지 못합니다.

마지막으로는, 하나님의 구원 역사에 참여하는 방식에 관한 문제입니다. 칼 바르트(Karl Barth)는 "하나님의 계시가 최초로 일어나는 과정에서 문제가 되는 것은 인간의 이성, 행동, 경건성이 아니라 하나님 자신이다. 그 과정에 하나님 자신이 현존한다"고 했습니다. 동정녀 탄생에서 중요한 것은 이것입니다.

하나님은 구원 역사를 위해 주도적인 역할을 할 동역자나 협력자를 필요로 하지 않으십니다. 구원 역사에서 인간이 높아지고 인간의 업적이 돋보이는 것은 구원의 본질적인 요소가 아닙니다. 하나님의 구원 역사에서 인간은 오직 받아들이고, 듣고, 봉사하는 임무를 수행할 뿐입니다. 여기서 인간의 역할은 매우 수동적입니다. 인간은 앞서 행하시는 하나님의 의지에 복종할 뿐입니다.

누가복음 본문에서는 이 점에 대해 이렇게 말합니다.

"주의 계집종이오니 말씀대로 내게 이루어지이다."

그러나 그러한 복종이 매우 소극적 행동에 정적주의(靜寂主義)가 아니라 역동적이라는 사실을 마리아의 찬가에서 보게 됩니다.

"내 영혼이 주를 찬양하며 내 마음이 하나님 내 구주를 기뻐하였음은 그 계집종의 비천함을 돌아보셨음이라 보라 이제 후로는 만세에 나를 복이 있다 일컬으리로다 능하신 이가 큰 일을 내게 행하셨으니 그 이름이 거룩하시며 긍휼하심이 두려워하는 자에게 대대로 이르는도다 그의 팔로 힘을 보이사 마음의 생각이 교만한 자들을 흩으셨고, 권세 있는 자를 그 위에서 내리치셨으며 비천한 자를 높이셨고, 주리는 자를 좋은 것으로 배불리셨으며 부자를 공수로 보내셨도다"(눅 1:46-53).

이 본문에서 우리는 하나님의 은총을 입은 인간의 모습을 볼 수 있습니다. 하나님의 은총을 입은 마리아는 매우 적극적이고 역동적일 뿐 아니라 자기 자신에 대해 깊이 개의치 않습니다. 그녀는 하나님의 은총에 가담했다는 사실에 감사하고 기뻐하며 적극적으로 참여합니다. 매우 수동적이었던 마리아는 놀라울 정도로 적극적입니다. 거기에는 후회나 한탄이 없습니다. 마리아는 그 사건을 통해 자신의 이름이 널리 알려지는 사실에 기뻐하는 것이 아니라, 하나님이 자기와 같은 비천한 여인을 돌아보신 사실에 기뻐했습니다.

그리고 마리아는 자기에게 일어날 일이 얼마나 위대하고 큰 일인가를 바라봅니다. 그 일은 마리아에게 국한된 일이 아니며, 마리아를 존경의 인물이나 숭배의 인물로 부각하는 일은 더더욱 아니었습니다. 그녀는 오직 하나님의 은총을 입은 한 여인으로 참여한 바 되었습니다.

우리는 때때로 우리의 지식, 의지, 힘, 교만이 하나님의 구원 역사에 방해물이 되는 것을 경험합니다. 또한 그러한 것들이 하나님의 영광을 드러내기보다 오히려 하나님의 영광을 가리는 것을 보게 됩니다.

이 마리아의 찬가는 "성령으로 잉태되사 동정녀 마리아에게서 나셨다"는 사도신경의 명제가 역사적으로 이루어지는 과정에 참여한 여인이 그 사건을 이루신 하나님을 찬양한 노래입니다. 이 찬가는 사도신경의 내용과 같은 의미의 것입니다. 이것은 마리아의 찬양인 동시에 고백이며 간증입니다. 이 찬가는 성령으로 잉태되었다는 사도신경의 내용을 더욱 확고하게 해주는 주해서(註解書)이기도 합니다. 이 찬가의 중심은 마리아가 아닌 능하신 이가 큰 일을 행하셨다는 사실에 있습니다. '전능하사 천지를 만드신 아버지 하나님이 큰 일, 새 일을 행하셨다'는 사실을 노래합니다.

'고독한 생애'가 인류에게 던진 희망

신학자 윌리엄 바클레이의 '고독한 생애'라는 글이 있습니다. 이 글은 바클레이가 쓴 것이 아니고, 그가 다른 곳에서 얻은 자료입니다. 내용은 이러합니다.

세상에 잘 알려져 있지 않은 마을에 유대인을 부모로 태어난 한 사내가 있었다. 어머니는 농사꾼 여자였다. 그는 또 다른, 역시 세상에는 알려지지 않은 작은 마을에서 자라고 있었다. 그는 서른 살이 될 때까지 목수간에서 일했다. 그리고 나서는 지방을 떠도는 설교자가 되어 3년을 지냈다.

책 한 권도 쓰지 않았고, 일정한 작업장도 없었고, 자신의 집도 없었다. 가정을 이룬 적도 없었고, 대학에 들어간 일도 없었다. 큰 마을에 발을 들여 놓은 적도 없었고, 자기가 태어난 마을에서 200마일 이상 떨어진 바깥에는 나가 본 적도 없었다.

위대한 인물에게 흔히 따르게 마련인 깜짝 놀랄 만한 일은 한 가지도 하지 않았다. 남에게 보일 소개장 따위도 없었으므로 그가 내어 놓을 수 있는 것은 단지 그의 한 몸뿐이었다.

알몸뚱이 하나, 타고난 힘 외에 이 세상과 관련된 것이라곤 무엇 하나 가진 게 없었다. 얼마 가지 않아, 세상은 그를 적대시하기 시작했다. 친구들은 다 도망쳐 버렸다. 그 중의 한 사람은 그를 배반하였다. 그는 적의 손에 넘겨졌고, 형식적인 재판에 끌려나가게 되었다.

그는 십자가에 못박혔고, 두 사람의 도둑 사이에 세워졌다. 그가 죽음 직전에 있을 때, 처형자들은 그가 지상에서 가지고 있는 유일한 재산, 곧 그의 윗저고리를 놓고 제비뽑고 있었다. 그가 죽자 그 시체는 내려졌고, 빌린 무덤에 눕혀졌다. 한 친구의 모처럼의 작별이었다.

열아홉의 오랜 세기가 지나가고 오늘날 그는 인류의 중심이며 전진하는 대열의 선두에 서 있다. 일찍이 진군한 모든 군대, 일찍이 건설된 모든 해군, 일찍이 개최된 모든 의회, 일찍이 통치한 모든 왕들—이 모두를 한데 모은다 하더라도 인류의 생활에 끼친 영향력에 있어서는 저 고독한 생애에 도저히 미치지 못하였다.

이것은 예수의 생애에 대한 참으로 아름다운 묘사입니다. 그는 진정 인류의 중심이며, 영원을 향해 달려가는 대열의 선두에 서 계십니다. 그래서 히브리서 저자는 "믿음의 주요 온전케 하시는 예수를 바라보자"고 했습니다. 인간으로 오신 이 예수는 모든 사람의 희망이며 기쁨이십니다. 그는 우리를 하나님의 영원한 보좌 앞으로 인도하십니다. 그는 길이요, 생명이요, 진리이십니다.

우리가 이 장에서 공부한 사도신경의 명제는 성탄절의 역사이기도 합니다. 만약 인간의 역사에 성탄절이 없었다면, 이 역사는 진정 희망이 없었을 것입니다. 인류의 희망은 성탄절에서 새롭게 시작되었습니다. 이 날로부터 비로소 인간의 역사, 문화, 종교가 새로운 목표를 지향해 가게 되었습니다. 여기서 시작된 역사는 영원을 지향해 가고 있습니다. 우리는 그 역사의 대열에 참여하고 있습니다.

우리는 하나님의 아들 예수 그리스도께서 성령으로 잉태되사 동정녀 마리아에게서 나셨다는 사실을 고백합니다. 이것은 하나님의 구원이 하늘과 땅 사이 어느 것에도 머물지 않고 인간의 세계로 들어오셔서 우리 인간과 같이 되셨다는 사실에 대한 고백입니다. 그가 인간 세계에 찾아오셔서 무슨 일을 하셨는지는, 사도신경의 다음 명제에서 "본디오 빌라도에게 고난을 받으사 십자가에 못박혀 죽으셨다"라고 말합니다.

복습을 위한 질문

1. "성령으로 잉태되사 동정녀 마리아에게 나셨다"는 명제에 담긴 세 가지 중요한 의미는 무엇입니까?

2. 하나님의 구원 역사에 가담한 마리아의 믿음은 순종적이면서도 적극적이었습니다. 지금 나에게는 어떠한 하나님의 부르심이 있으며, 나는 그것에 믿음으로 순종할 준비가 되어 있습니까?

3. 세상에 자랑할 만한 어떤 것도 아무것도 없었던 예수 그리스도, 그분의 고독한 생애를 묵상해 봅시다. 나는 예수 그리스도의 어떤 점을 흠모하며 따르고 있습니까?

7 본디오 빌라도에게 고난 받으사

빌라도가 대제사장들과 관원들과 백성을 불러 모으고 이르되

너희가 이 사람을 백성을 미혹하는 자라 하여 내게 끌어왔도다

보라 내가 너희 앞에서 사실하였으되 너희의 고소하는 일에 대하여

이 사람에게서 죄를 찾지 못하였고 헤롯이 또한 그렇게 하여 저를

우리에게 도로 보내었도다

보라 저의 행한 것은 죽일 일이 없느니라

그러므로 때려서 놓겠노라 무리가 일제히 소리질러 가로되

이 사람을 없이하고 바라바를 우리에게 놓아 주소서 하니

이 바라바는 성중에서 일어난 민란과 살인을 인하여 옥에

갇힌 자라 빌라도는 예수를 놓고자 하여

다시 저희에게 말하되 저희는 소리질러 가로되 저를 십자가에

못박게 하소서 십자가에 못박게 하소서 하는지라

빌라도가 세 번째 말하되 이 사람이 무슨 악한 일을 하였느냐

나는 그 죽일 죄를 찾지 못하였나니 때려서 놓으리라 한대

저희가 큰 소리로 재촉하여 십자가에 못박기를 구하니

저희의 소리가 이긴지라 이에 빌라도가 저희의 구하는 대로

하기를 언도하고 저희의 구하는 자 곧 민란과 살인을 인하여

옥에 갇힌 자를 놓고 예수를 넘겨주어 저희 뜻대로 하게 하니라

누가복음 23장 13-25절

사도신경에는 대조적인 두 인물이 등장합니다. 곧 마리아와 빌라도입니다. 이들은 남성과 여성이라는 점에서 대조적일 뿐 아니라, 하나님의 구원사에서 차지하는 위치와 존재 의미에서도 정반대입니다.

마리아는 하나님의 뜻을 받아들이고 순종함으로써 하나님의 구원사에 참여했습니다. 그러나 빌라도는 자신의 야망과 권좌를 유지하기 위해 세상과 야합함으로써 예수를 거부했습니다. 마리아는 자신의 것을 모두 포기하고 예수의 잉태를 받아들임으로 모든 것을 얻습니다. 그러나 빌라도는 예수를 거부함으로 모든 것을 잃어버렸습니다. 마리아는 하나님의 은총을 입은 지극히 존귀한 인간성을 대표합니다. 그러나 빌라도는 하나님의 은총을 거부한 비참한 인간성을 대표합니다.

빌라도, 예수를 만난 유일한 로마 총독

빌라도는 AD 26년부터 36년까지 팔레스타인을 다스린, 로마 제국의 제 5대 총독입니다. 그는 로마 총독으로서는 유일하게 예수를 직접 대면한 인물입니다. 유대인 역사가 요세프스(Josephus)에 따르면, 빌라도는 로마기(旗)를 거룩한 도시로 가져와 유대인들을 불쾌하게 했다고 합니다. 그뿐 아니라 그는 로마 신들의 이름과 형상을 조각한 황금 방패를 성전 안에 걸기도 했고, 수도를 건설하기 위해 성전 세를 전유(專有)하기까지 했다고 합니다. 심지어는 빌라도 치하에서 로마 병정들이 성전에서 제사를 드리는 유대인들을 잔인하게 살해하는 일까지 자행한 것으로 알려져 있습니다(눅 13:1 참조).

당시 유대는 로마의 통치 지역인 시리아의 한 부분이었습니다. 빌라도는 시리아 지역에 속한 유대 지역 행정대리인으로 있으면서 행정 책임과 재판권을 맡았습니다. 본래 그의 근무처는 가이사랴 빌립보에 있었습니다. 그런데 그가 유대인의 명절인 유월절에 예루살렘에 와 있을 때 예수께서 유대 산헤드린 앞에서 심문을 받으신 뒤 그에게 끌려오게 되었습니다. 그때 빌라도는 예수를 처음 대면하게 됩니다.

유대인들이 빌라도에게 예수를 고소한 죄목은 모두 세 가지입니다.

첫째, 예수는 민중을 선동하여 반란을 일으키려 했다.

둘째, 로마 황제에게 세금을 바치지 말라고 했다.

셋째, 자칭 왕이라고 했다.

빌라도는 예수의 사건을 다룰 마음이 없어 때마침 예루살렘에 와 있던 갈릴리 지방의 영주 헤롯 안디바에게 예수를 보내 그에게 사건을 떠맡기려 했습니다. 헤롯은 오래 전부터 예수의 소문을 듣고 보기를 원했던지라 매우 기뻐했습니다. 그러나 그가 예수를 만나기 원했던 것은 인간적인 호기심에서였습니다. 예수가 그의 호기심을 충족시켜 주지 않자 조롱하고 모욕한 뒤 다시 빌라도에게 보냈습니다.

본래 빌라도와 헤롯의 사이는 좋지 않았는데, 이 사건으로 두 사람이 친구가 되었습니다. 이것은 세상의 왕들과 통치자들이 하나님이 기름 부으신 자에 대해 모의를 꾸몄다는 시편의 말씀이 성취된 것입니다(시 2:2 참조).

빌라도는 세 번씩이나 예수의 무죄를 주장했습니다. 그러나 그는 예수를 십자가에 못 박으라는 군중의 압력에 무기력하게 무릎 꿇었습니다. 빌라도는 자신의 권좌를 유지하기 위해 예수를 포기했습니다. 그리고 그것은 결국 자기 자신을 포기하는 일이 되었습니다. 요세프스에 따르면 빌라도는 자살로 생을 마쳤다고 합니다.

빌라도에 얽힌 전설

빌라도에 관해서는 두 가지 전설이 전해 옵니다.

빌라도는 당시 로마 황제였던 디베리우스에게 자신이 심문했던 예수의 행적과, 그가 운명할 때 일어났던 놀라운 일들에 대해 자세히 보고했습니다. 그 보고를 받은 디베리우스 황제는 빌라도에게 다음과 같이 말합니다.

"네가 보고한 대로라면 그는 유대인의 왕 그리스도임에 틀림없다.

너는 당연히 그를 죽이지 말고 안전하게 나에게 데려왔어야 했다."

그 후 빌라도는 예수의 죽음을 확인하고 나서, 하나님께 이렇게 기도합니다.

"하나님, 저와 제 옆에 서 있는 제 아내 프로클라(Procla)를 사악한 유대인들의 수에 넣어 계수(計數)하지 말아 주십시오. 당신은 당신이 십자가에 못박혀야 한다는 것을 예언했습니다. 그러니 저를 용서해 주십시오."

그때 하늘로부터 음성이 들립니다.

"모든 세대와 모든 이방의 가족들이 너를 복되다 할 것이다. 왜냐 하면 너의 날에 나에 관해 예언된 모든 일이 이루어졌기 때문이다. 너는 내가 다시 올 때 나의 증인으로 서야 할 것이다. 그때 나는 이스 라엘의 열두 지파와 나의 이름을 고백하지 않은 사람들을 심판할 것 이다."

그리고 나서 빌라도는 자살하였고, 그의 아내도 함께 죽었다는 것 입니다.

다른 하나의 전설은 다음과 같은 내용입니다. 스위스의 루체른 (Luzern)이라는 도시는 매우 아름답기로 유명합니다. 그 도시에 해발 2,121미터의 필라투스(Pilatus)라는 높은 산이 있습니다. 필라투스라 는 이름은 '구름으로 덮여 있다'는 뜻입니다. 이 산이 빌라도와 관 련이 있다는 것입니다.

황제 디베리우스가 병들었습니다. 그는 빌라도에게 자신의 병을 낫게 하기 위해 예수를 로마로 보내라고 사자를 보냅니다. 빌라도는 예수가 이미 십자가에 못박혀 죽었다고 고백합니다. 그때 황제의 사자는 예루살렘에 사는 베로니카(Veronica)라는 여인을 만납니다. 베로니카는 친절하고 자비심 많은 여인으로, 예수와 관련된 전설의 주인공으로 알려져 있습니다.

베로니카는 예수께서 십자가를 지고 골고다 언덕을 올라가실 때, 땀을 흘리는 것을 목격하고 자신의 손수건을 예수께 건네 주었습니다. 예수께서 그 손수건을 다시 베로니카에게 주었을 때, 손수건에는 예수님의 초상이 그려져 있었다고 합니다. 황제의 사자를 만난 베로니카는 바로 그 손수건을 사자에게 주었고, 디베리우스는 그 손수건으로 병이 낫게 됩니다.

병이 나은 후, 디베리우스는 빌라도를 심문하기 위해 그를 로마로 불러들입니다. 그때 빌라도는 예수님이 입었던 솔기 없는 옷을 입고 디베리우스 앞에 나타납니다. 빌라도의 모습을 보는 순간 그에 대한 디베리우스의 분노는 다 사라져 빌라도를 돌려보냅니다.

그러나 그 후 다시 빌라도를 불러 그의 옷을 벗기고 그에게 사형을 언도하였습니다. 빌라도는 그 즉시 스스로 목숨을 끊습니다. 그리고 디베리우스의 명대로 빌라도의 목에 맷돌을 달아 시체를 테베레(Tiber) 강에 던지자 곧 풍랑이 일고 비바람이 몰아칩니다. 그리하여 다시 그 시신을 건져 비엔나로 보내 론(Rhone) 강에 던집니다. 그러나 역시 똑같은 재난이 일어납니다. 마지막으로 루체른으로 보내 산으로 둘러싸여 있는 연못에 던져 넣었고, 그 연못은 아직도 거품이 일어나며 끓고 있다고 합니다. 그 연못은 필라투스 산에서 내려

다볼 수 있습니다.

사도신경에서 빌라도의 자리가 갖는 의미

우리는 빌라도와 관련된 이러한 전설을 통해 빌라도의 통치 당시 그가 예수의 십자가 사건에 분명히 연루되어 있었다는 확증을 갖게 됩니다. 그리고 이 전설을 통해 예수 사건이 공허하게 지어낸 이야기가 아니라 지난 역사의 한 시점에 분명히 닻을 내리고 있다는 점을 확인하게 됩니다.

하나님의 구원 역사에 빌라도가 등장한 것은 매우 주목할 만한 일입니다. 이처럼 초대 교회 때부터 사도신경에 빌라도의 자리를 확보해 두고 있는 것은 우연이 아니며, 매우 깊은 신학적인 배려가 함축되어 있습니다. 그것은 신앙의 역사적인 관계성 때문입니다.

기독교 신앙고백에서는 인간의 역사를 의미 없는 사건의 연속으로 보지 않습니다. 분명히 하나님의 경륜 가운데 있음을 믿고 있습니다. 그리고 그 역사의 한 시기에 하나님의 구원 역사가 펼쳐졌다는 사실을 중요시합니다. 구원사가 펼쳐진 때와 시대 상황은 도저히 무시될 수 없습니다. 그것은 일반사 자체 때문이 아닙니다. 그때 있었던 하나님의 구원 사건 때문입니다. 그러한 의미에서 일반역사가 중요시됩니다.

한 자연인이 예수 그리스도를 구주로 고백하고 세례를 받는다는 것은, 하나님의 구원 역사 안으로 받아들여지고 하나님의 백성으로서 계약의 역사 안으로, 해방의 역사 안으로 받아들여지는 것을 의미합니다. 이렇게 하나님의 역사는 저 피안의 세계에서 전개되는 것이 아니라 현실의 역사에서, 일상의 삶 속에서 전개됩니다.

사도신경에서 빌라도의 자리가 확보되어 있는 것은 바로 그러한 사실과 관련되어 있습니다. 만물을 새롭게 하시는 하나님의 구원의 역사, 해방의 역사가 이 현실의 역사 안에서 분명히 펼쳐졌습니다. 그것을 보증해 주고 확증해 주는 것이 빌라도입니다. 빌라도는 분명히 역사적인 인물입니다.

사도신경에서 빌라도는 신앙과 역사의 관계에서 구원사의 시간을 확증시켜 주는 의미가 있는 동시에, 또 다른 의미가 있습니다. 그것은 기독교 신앙에서 하나님의 구원사에는 거룩하고 순결한 동정녀 마리아와 같은 사람만 있는 것이 아닙니다. 그렇다고 하나님 구원사의 무대에 지성인이나, 엘리트나, 신분이 있는 사람만 출현하는 것도 아닙니다. 성서의 족보에 나타난 대로, 변변찮은 여자들과 남자들이 구원사의 무대에 등장합니다.

이러한 사실은 기독교 신앙이 역사를 꾸며 내거나, 비현실적인 세계를 지향하는 것이 아님을 말해 줍니다. 오히려 있는 현실 그대로의 역사를 받아들이고, 그리스도 안에서 현실 역사의 의미와 목적을 다시 이해하게 됩니다.

마지막으로 사도신경에서 빌라도와 연관시켜 주목해야 할 중요한 의미 한 가지가 더 있습니다. 그것은 빌라도가 자연인이 아니고 그 시대를 지배하던 로마의 권세 아래서 한 지역을 다스리던 로마 총독이었다는 사실입니다. 그러한 점에서 사도신경에 정치적인 영역이 포함되어 있습니다. 사도신경에서 빌라도는 '위로부터 온 권세'를 불행하게도 그 본래의 목적대로 사용하지 않고 오용했습니다. 위로부터 온 권세가 빌라도라는 한 인격에게서 매우 왜곡된 것이 되었습니다.

예수는 그 시대 로마에 항거한 열심당원도 아니며, 무정부주의자도 아니었습니다. 그는 가난한 자들에게 하나님 나라의 구원 소식을 전한 구원자였습니다. 빌라도는 질서를 수호하는 자로서 그 질서를 근본적으로 바르게 세우는 정의의 편에 서지 못하고, 오히려 그 질서를 파괴하는 불의의 세력과 손잡고 그의 권좌를 유지해 가려고 했습니다. 사도신경의 빌라도에게서, 또는 밑에서라는 말에는 이러한 정치적 의미가 포함되어 있습니다.

고난, 새로운 삶의 패러다임

그 다음으로 '고난 받으사'라는 내용입니다. 이것은 예수님이 헤롯과 본디오 빌라도의 통치 아래서 그들에게 시달림을 받으며 살았다거나 우울증 환자로, 금욕주의자로, 염세주의자로 살아가셨다는 뜻이 아닙니다. 이 내용은 예수께서 현실의 역사에서 삶을 어떤 방식으로 살아가셨는지를 반영하고 있습니다. 예수님의 삶은 섬김의 삶으로, 그를 세상에 보내신 하나님의 뜻을 완성한다는 것이었습니다. 예수께서 고난 받으셨다는 것은 예수의 삶이 목적으로 하는 것이 무엇이었는지를 밝혀 줍니다.

그리고 한 걸음 더 나아가 우리는 예수의 고난의 삶을 통해, 하나님께서 우리 인간을 고난, 실패, 죽음의 현실에 그냥 내버려 두지 않으신다는 것을 확증하게 됩니다. 우리는 우리의 고난 받는 삶속으로 찾아오신 예수를 통해 우리와 연대하고 계시는 하나님을 보게 됩니다.

기독교 신앙은 예수를 믿으면 고난, 질병, 죽음을 면제받는다고 약속하지 않습니다. 그 대신 고난을 현실로 받아들여 그 고난의 현장에 살면서 시험에 들지도, 악에 빠지지도 않고 하나님과 함께 승리하는 삶으로 나아갈 수 있다고 약속합니다. 그러므로 기독교 신앙에서 중요시하는 회개는, 현실을 부인하던 삶에서 현실을 인정하고 자신의 책임과 죄를 받아들이는 데서부터 시작됩니다.

예수가 고난을 받으셨다는 고백은 하나님이 우리를 비참한 현실에 내버려 두시지 않았음을 의미합니다. 우리가 고난 가운데 혼자 있지 않음을 의미합니다. 하나님은 무관심하고 무정한 하나님이 아니시라는 뜻입니다. 그래서 그리스도인들은 고난을 운명으로 받아들이지도, 고난 가운데서 자기를 학대하지도 않습니다. 그 대신 고난 가운데서 희망을 갖고 하나님을 찬양하게 됩니다.

기독교 신앙에서 구원의 근원은, 인간 스스로 심신의 수양을 쌓아서 신비의 경지에 도달해 가는 무(無)시간성, 무역사성에 있지 않습니다. 우리의 구원은 지난 역사의 한 시점인 빌라도의 치정 때 빌라도 앞에서 심문을 받고 십자가에 달려 죽은 하나님의 아들 예수 그리스도에 근거하고 있습니다. 그분 안에서 우리는 우리를 해방의 삶으로 부르시는 하나님을 만나게 됩니다.

그분 안에서 우리 삶의 역사는 새롭게 전개되기 시작합니다. 우리는 그 역사 안에서 새로운 생의 패러다임을 갖게 되고, 삶의 새로운 원리들을 따라 살아가는 법을 배워 가게 됩니다. 우리는 그 역사 안에서 낡은 것들을 하나하나 벗어 놓고 새로운 문화의 옷으로 갈아입게 됩니다. 그 새로운 역사의 지평에서 우리는 이 현실을 넘어서 영원한 본향을 우리 삶의 목적지로 삼게 됩니다.

이 현실의 역사 안에서 전개된 하나님의 구원 역사의 지평에는 막달라 마리아와 같은 창녀도 있고, 마태와 같은 세리도 있고, 베드로와 같은 어부도 있고, 바울과 같은 박해자도 있습니다. 좀더 거슬러 올라가면 라합과 같은 기생도 있고 다말과 같은 여인도 있습니다. 이들 모두 이 현실 역사의 어느 한때 하나님의 구원 역사에 들어왔습니다. 그러나 빌라도는 이 구원사에 들어오지 못했습니다. 그 스스로 이를 거부한 것입니다. 이 세상 역사의 한 시점에서 예수를 대면한 빌라도는 예수보다는 자신의 야망과 안전을 더 중요시했습니다. 결국 그는 예수와 함께 그 자신을 잃어버렸습니다.

예수를 거부하는 것은 현재와 영원 모두를 잃는 것이며 결국 자신을 거부하는 것입니다. 자신이 죄인이며 자신이 하나님의 사랑이 필요한 사람이며, 자신이 구원받아야 할 사람이라는 사실을 거부하는 것입니다. 예수를 거부하는 것은 하나님께서 자기를 위해 약속하신 새로운 삶을 거부하는 것입니다. 예수를 거부하는 것은 참 인간이 되기를 거부하는 것입니다.

사랑하는 여러분, 인간은 누구나 생의 여정에서 의도적이든 우연이든 하나님의 구원 역사에 초대받게 됩니다. 하나님이 찾아오셔서 우리의 마음 문을 두드리십니다. 그때의 선택은 바로 우리 자신에게 달려 있습니다.

복습을 위한 질문

1. 마리아와 빌라도는 하나님의 구원사에서 매우 대조되는 존재 였습니다. 이들의 각기 다른 선택은 어떤 결과를 낳았나요?

2. 사도신경에서 빌라도의 위치는 일반 역사 속에서 하나님의 구 원이 이루어졌음을 확증시켜 주는 데 큰 의미가 있습니다. 동시 에 또 다른 의미는 무엇이 있나 살펴봅시다.

3. 고난 받으신 예수의 삶은 그분이 어떤 태도로 사셨는가를 반영 합니다. 이 사실은 우리에게 어떠한 위로를 줍니까?

8 십자가에 못박혀 죽으시고

그는 실로 우리의 질고를 지고 우리의 슬픔을 당하였거늘

우리는 생각하기를 그는 징벌을 받아서 하나님에게 맞으며

고난을 당한다 하였노라

그가 찔림은 우리의 허물을 인함이요

그가 상함은 우리의 죄악을 인함이라

그가 징계를 받음으로 우리가 평화를 누리고

그가 채찍에 맞음으로 우리가 나음을 입었도다

우리는 다 양 같아서 그릇 행하여 각기 제 길로 갔거늘

여호와께서는 우리 무리의 죄악을 그에게 담당시키셨도다

그가 곤욕을 당하여 괴로울 때에도 그 입을 열지 아니하였음이여

마치 도수장으로 끌려가는 어린 양과 털 깎는 자 앞에

잠잠한 양같이 그 입을 열지 아니하였도다

그가 곤욕과 심문을 당하고 끌려갔으니 그 세대 중에 누가 생각하기를

그가 산 자의 땅에서 끊어짐은 마땅히 형벌 받을 내 백성의 허물을

인함이라 하였으리요 그는 강포를 행치 아니하였고 그 입에 궤사가

없었으나 그 무덤이 악인과 함께 되었으며

그 묘실이 부자와 함께 되었도다

이사야 53장 4-9절

하나님의 지혜에 있어서는 이 세상이 자기 지혜로 하나님을

알지 못하는 고로 하나님께서 전도의 미련한 것으로 믿는 자

들을 구원하시기를 기뻐하셨도다

유대인은 표적을 구하고 헬라인은 지혜를 찾으나

우리는 십자가에 못박힌 그리스도를 전하니

유대인에게는 거리끼는 것이요

이방인에게는 미련한 것으로되

오직 부르심을 입은 자들에게는

유대인이나 헬라인이나 그리스도는 하나님의 능력이요

하나님의 지혜니라

고린도전서 1장 21-24절

이 장에서는 사도신경 두 번째 명제인 예수님에 관한 내용에서 '십자가에 못박혀 죽으셨다'는 대목을 함께 공부해 보고자 합니다.

십자가는 고대 사회에서 너무나 잘 알려진 비극적인 형틀입니다. 고대 사회에서 십자가 형틀이 널리 사용되었던 국가들은 이집트, 페니키아, 카르타고, 페르시아, 앗시리아, 인도, 그리스, 로마 등입니다.

십자가는 유대적인 형틀이 아닙니다. 본래 유대적인 사형 집행 제도는 목매다는 것(민 25:4), 불살라 죽이는 것(레 20:14), 돌로 쳐죽이는 것(레 20:27) 등입니다. 유대 관습에서 죄지은 사람을 나무에 달 때에는 죽인 후에 매달았습니다(신 21:22). 그것도 하나님께서 주신 기업의 땅을 더럽히지 않기 위해(신 21:23) 밤 동안 반드시 나무에 달린 자를 끌어내려 땅에 묻었습니다. 유대 관습에 따르면 '나무에 달린 자는 하나님께 저주를 받은 자'(신 21:23)였습니다.

고대 사회에서의 십자가는 매우 무섭고 수치스러운 형틀이었습니다. 고대 사회의 십자가형은 주로 정치범과 반사회적인 범죄자에게 집행되었습니다. 예수님의 죄목은 이미 말씀드린 대로 로마 황제와 로마에 반역한 죄였습니다.

성육신하신 삶의 절정 '십자가'

복음서 기자들이 전하는 십자가 사건의 보고는 어느 정도 차이가 있습니다. 마태가 전하는 십자가에 관한 기사에서는, 예수께서 운명의 순간에 하나님과의 단절로 깊은 고통을 느끼셨다는 것에 강조점을 두고 있습니다.

마태복음에 기록된 예수님의 십자가 기사는 다음과 같습니다.

빌라도는 바라바는 놓아 주고, 예수는 채찍질한 뒤에, 십자가에 처형하라고 넘겨 주었다. 그 때에 총독의 군인들이 예수를 총독 관저로 끌고 들어가서, 온 부대를 다 그의 앞에 불러모았다. 그리고 예수의 옷을 벗기고, 주홍색 옷을 입힌 다음에, 가시로 면류관을 엮어 머리에 씌우고, 오른손에 갈대를 들게 하였다. 그리고 그의 앞에 무릎을 꿇고 "유대인의 왕 만세!" 하면서 희롱하였다. 또 그에게 침을 뱉고, 갈대를 빼앗아서 머리를 쳤다. 이렇게 희롱한 다음에, 그들은 주홍색 옷을 벗기고, 그의 옷을 도로 입혔다. 그리고 십자가에 못박으려고 그를 끌고 나갔다. 그들은 나가다가 시몬이라는 구레네 사람을 만나서, 강제로 예수의 십자가를 지고 가게 하였다. 그들은 골고다 곧 '해골 곳'이라는 곳에 이르러서, 포도주에 쓸개를 타서 예수께 드려서 마시게 하였다. 그러나 예수께서는 그 맛을 보시고는, 마시려고 하지 않으셨다. 그들은 예수를 십자가에 못박고 나서, 제비를 뽑아서, 그의 옷을 나누어 가진 다음 거기에 앉아서 그를 지키고 있었다. 그의 머리 위에는 "유대인의 왕 예수"라고 적은 죄패를 붙였다.

그 때에 강도 두 사람이 예수와 함께 십자가에 못박혔는데, 하나는 오른쪽에, 하나는 왼쪽에 달렸다. ……낮 열두 시부터 어둠이 온 땅을 덮어서, 오후 세 시까지 계속되었다. 세 시쯤에 예수께서 큰 소리로 "엘리 엘리 라마 사박다니?" 하셨다. 그것은 "나의 하나님, 나의 하나님, 어찌하여 나를 버리셨습니까?" 하는 뜻이다. (중략) 예수께서는 다시 큰 소리로 외치시고 나서, 숨을 거두셨다. 그때 성전 휘장이 위에서 아래까지 두 폭으로 찢어졌다. 그리고 땅이 흔들리고, 바위가 갈라지고, 무덤이 열리고, 잠자던 많은 성도의 몸이 살아났다. ……날이 저물었을 때에, 아리마대 출신으로 요셉이라고 하는 한 부자가 왔다. 그도 역시 예수의 제자였다. 이 사람이 빌라도에게 가서, 예수의 시신을 내어 달라고 청하였다. 빌라도가 내주라고 명령하였다. 그래서 요셉은 예수의 시신을 가져다가, 깨끗한 삼베로 싸고, 바위를 뚫어서 만든 자기 새 무덤에 모신 다음에, 무덤 문에다가 큰 돌을 굴려 놓고 갔다. (마 27장 표준새번역)

이상이 마태가 전해 주는 예수님의 십자가 사건의 내용입니다.

사도 바울은, 십자가에 못박혀 죽은 예수가 율법에 충성을 다하는 유대인들과 잘 계몽된 헬라 사람들에게는 어리석은 것이라 했습니다. 그러나 바울 자신은 그 어리석게 여겨지는 십자가에서 "하나님의 지혜와 능력을 본다"고 하였습니다.

사도신경에서 예수와 관련된 이 명제를 빠뜨리지 않고 고백에 포함시키는 것은 십자가 사건이 단순히 한 인간 예수의 마지막 순간을 다룬 것이 아니라, 거기에는 하나님의 지혜와 능력이 포함되어 있기 때문입니다. 사도신경을 믿음으로 고백하는 사람들에게 십자가는, 어리석은 것이 아니라 하나님의 능력이며, 하나님의 지혜입니다.

만약 제 눈에 십자가가 어리석은 것으로 보였다면, 저는 이 시간 이 자리에 설 수 없었을 것입니다. 십자가는 제게 희망의 문이며, 저의 미래입니다. 십자가가 없었다면 저의 삶은 희망이 없었을 것입니다. 또한 십자가는 저뿐 아니라 모든 사람의 희망이며, 인류의 미래입니다.

십자가는 인간 예수의 생의 역사와 전기적인 면에서 그가 누구였으며, 무엇을 목적으로 하고 살았는지를 말해 주는 확증의 표식입니다. 로흐만 교수는, "나사렛 예수가 십자가에 처형된 사실은 역사적으로 잘 보증된 예수의 역사에 속한다"고 했습니다. 예수의 탄생은 그가 완전히 인간이었음을 증거합니다. 거기에다 예수의 십자가 사건은 예수가 분명히 이 세상에서 한 인간으로 생을 살았던 인물임을 더욱더 확증해 줍니다.

십자가는 예수가 이 세상에 오셔서 인간이 삶에서 당하는 모든 고난에 빠짐없이 연대하여 살았던 사실을 입증해 줍니다. 그러한 의미에서 십자가는 예수가 사신 삶의 역사에서 절정을 이룬다고 볼 수 있습니다.

히브리서 저자는 예수가 인간과 어떻게 연대해서 사셨는지에 대해 다음과 같이 말해 줍니다.

"우리에게 있는 대제사장은 우리의 연약함을 체휼하지 아니하는 자가 아니요 모든 일에 우리와 한결같이 시험을 받은 자로되 죄는 없으시니라"(히 4:15).

다른 사람을 도울 수 있는 사람은 인간이 겪은 모든 고난의 경험이 있는 사람이라야 가능합니다. 그러나 경험만으로는 안 됩니다. 사랑이 있어야 합니다. 이타적인 사람일수록 다른 사람과의 연대 가운데서 그들의 고통에 참여합니다. 어린아이를 극진히 사랑하는 어머니는 어린아이가 아플 때 함께 아픔을 느끼고, 아이가 기뻐할 때 같이 기뻐합니다. 그것은 아이와 사랑의 연대감 가운데 있기 때문입니다.

그러한 의미에서 골고다 언덕의 십자가는 인간과 연대해서 살아가신 예수의 생애에서 절정을 이룹니다. 십자가는 예수가 어떤 생을 사셨는지를 가장 확실하게 알려 주고 있습니다.

하인리히 포겔(Heinrich Vogel)은 이 십자가의 의미에 대해 다음과 같이 말했습니다.

"어떤 사람이 '이 세상에서 가장 희망이 없는 자리가 어디인가?'

라고 물을 수 있다. 그러면 그는 불치의 병을 앓는 병자들만 있는 병동, 아우슈비츠와 같은 집단 수용소, 죽음의 가스실, 죽음을 기다리며 서 있는 감옥의 행렬, 평생 앞을 보지 못하고 살아가는 히로시마의 희생자들, 혹은 가장 고통스럽고 절망스러운 다른 자리를 생각할 수 있을 것이다. 그러나 세상에서 가장 깊은 절망의 자리는 하나님을 그토록 전적으로 신뢰하던 한 인간이 하나님 자신으로부터 버림받아 달려 있는 곳이다."

십자가는 이 세상에서 가장 절망적인 자리입니다. 인간이라면 누구도 이 절망의 자리를 피해갈 수 없습니다. 그 자리는 바로 하나님과의 단절의 자리이며, 죽음의 자리입니다. 예수는 바로 그 자리에까지 내려가서서 인간의 삶과 연대하셨습니다. 그 자리에서 예수는 철저히 하나님과 단절을 체험했습니다. 거기서 예수는 "나의 하나님 나의 하나님 어찌하여 나를 버리셨나이까?"라고 절규하셨습니다.

예수에게 십자가는 전적으로 다른 사람을 위해 존재하는 삶의 표현입니다. 그러한 예수의 삶의 절정이 십자가입니다. 십자가는 우연이나 돌발적으로 예정된 것이라기보다 인간 예수의 삶의 마감입니다.

그 다음으로 하나님의 구원사에서 '십자가'는 하나님과 화해의 자리이며 속죄의 자리이자 새로운 희망의 문, 그 자체입니다.

희망이 있는 자리로서의 십자가

어떤 여의사가 의과 대학생 시절 호기심으로 복용하던 마약이 나중에는 완전히 습관이 되어 거기서 벗어날 수가 없었습니다. 그녀는 전문의가 되고서 마약으로 점점 더 깊이 빠져 들어가는 자기 자신을 숨길 수 없어 자살하기로 결심했습니다. 어느 비 오는 날 저녁, 그녀는 강가로 갔습니다. 여의사는 깊은 절망과 좌절의 자리에서 죽음을 체험하며, 마지막으로 하나님께 살려 달라고 부르짖었습니다. 잠시 후 그녀는 하나님의 은혜의 빛이 자기에게 임하면서 자신이 마약의 힘에서 풀려나는 것을 경험하게 되었습니다. 그 후 여의사는 평생을 마약 중독자 갱생을 위해 헌신하며 살고 있습니다.

십자가는 절망과 단절, 죽음의 자리입니다. 그러나 한편 골고다 언덕의 십자가는 부활의 아침이 내다보이는 자리입니다. 그래서 바울은 십자가 없는 부활은 없고, 부활 없는 십자가는 있을 수 없다고 했습니다.

제2차 대전 때 아우슈비츠 수용소에서 많은 유대인들이 가스실과 십자가 형틀에서 죽어 갔습니다. 그 절망의 자리에서 유대인들은 하나님이 자신들을 완전히 버리셨다고 단정하기도 하고, 사랑의 하나님이 아니라고 생각하기도 했습니다. 그러나 엘리 위젤(Elie Wiesel)은 그 절망의 자리 십자가에서 하나님 자신이 바로 그 십자가에 달려 고통당하고 계신 것을 발견하게 되었습니다. 그들은 고난 가운데서 답을 찾은 것이었습니다.

골고다 언덕 위의 십자가는 우리 삶의 한 부분입니다. 인간은 그 자리를 피해갈 수 없습니다. 인간은 삶의 어둡고 절망적인 부분을 체험하고 살아가면서 유토피아를 꿈꾸기도 하고, 깊은 허무와 좌절에 빠지기도 합니다. 십자가는 유토피아와 허무주의 사이에 놓여 있는 매우 좁은 생명의 길입니다. 우리는 유토피아나 허무주의 같은 허구적 생의 환상 길에서가 아닌, 십자가의 좁은 길에서 우리를 찾아오셔서 기다리시는 하나님을 만나게 됩니다. 로흐만 교수는, 십자가는 유일한 우리의 필요이며, 우리의 희망을 세우는 곳이라고 했습니다. 그는 "십자가의 희망은 권력의 사랑 안에 있지 않고, 세상을 이기는 사랑의 능력 안에 있다"고 했습니다.

삶의 모범으로서의 십자가

마지막으로 윤리적인 관점에서 십자가는 우리가 본받아야 할 희생적 삶, 자기를 내놓는 삶, 하나님께 순종하는 삶의 표현입니다. 인간의 현실적 삶을 숙명으로 받아들이고 체념하며 살아가는 곳에서는 십자가의 삶이 불가능합니다.

십자가 삶은 악, 불의, 억압에 저항하고, 의의 길을 걸어가고자 하는 결단의 삶, 그리고 가난한 자와 억눌린 자, 고통 가운데 있는 자들의 삶에 자신을 연대시키는 데서 이루어집니다. 기독교 역사를 돌이켜보면 교회가 계속해서 불의에 대항해 오고, 디아코니아(섬김)를 포기하지 않는 것은 바로 그런 이유에서입니다.

엘 살바도르의 로메로 신부는 매우 사색적이고, 독서를 즐기며, 조용히 살아가는 명상적인 사람이었습니다. 그런 그가 지역을 담당하는 주교직을 맡아 현실에 동참했을 때, 그의 앞에 벌어진 일들은 도저히 침묵할 수 없는 것들이었습니다. 그래서 그는 하나님의 정의, 공의, 사랑, 회개를 외쳤습니다. 그는 군사 독재 치하에서 무참히 죽어가며 고통당하는 민중과 함께했습니다. 결국 그는 암살되었습니다.

골고다의 십자가는 모든 사람이 본받아야 할 삶의 모범입니다. 그리고 그것은 인류의 희망이며, 미래입니다. 성 금요일은 인류 역사의 동터오는 부활의 새 아침을 알리는 거룩한 날입니다.

사도신경에서는 예수가 십자가에 못박히셨다는 것만으로 끝나지 않습니다. 그 다음 반드시 죽으셨다는 것을 강조하고 있습니다. 이것은 복음서에서도 마찬가지입니다. 예수는 십자가에서 잠깐 기절하신 것이 아니라 완전히 죽으셨음을 강조하고 있습니다. 이것은 하나님께 복종의 삶, 헌신의 삶, 사랑의 삶을 사신 예수가 세상에서의 삶을 마감했다는 것을 의미합니다. 그는 십자가에 못박혀 죽으심으로 이 세상에서의 삶을 끝냈습니다. 예수는 이 세상에서 인간이 경험하는 마지막 부분까지 감수하심으로 그의 생을 마감하셨습니다.

이 세상을 극진히 사랑하시는 하나님의 사랑은 결국 그의 사랑하는 아들이 십자가에 못박혀 죽는 것으로 확인되었습니다. 하나님의 사랑에 대해 더 이상 다른 어떤 것을 요구할 수 없습니다. 이것은 하나님의 자기 희생입니다. 하나님 자신을 십자가에 내놓으신 것입니다.

십자가에서 하나님의 사랑을 발견한 사도 바울은 이렇게 고백합니다.

"내가 확신하노니 사망이나 생명이나 천사들이나 권세자들이나 현재 일이나 장래 일이나 능력이나 높음이나 깊음이나 다른 아무 피조물이라도 우리를 우리 주 그리스도 예수 안에 있는 하나님의 사랑에서 끊을 수 없으리라"(롬 8:38, 39).

사랑하는 여러분, 십자가가 멸망하는 자들에게는 분명히 어리석은 것입니다. 그러나 십자가의 도를 어리석게 여기는 것 자체가 인간이 누구인지를 모르고 있음을 드러내는 것입니다. 인간이 누구인지 모른다는 것은, 인간의 문제가 무엇인지를 모른다는 말입니다.

인간은 어떤 사람의 생각처럼 고상하지도, 지혜롭지도, 도덕적으로 완전하지도 않습니다. 십자가라는 절망의 자리는 우리 인간 실존의 궁극적인 자리입니다. 십자가는 우리 인간이 하나님을 떠나 있다는 것, 우리는 결국 죽음을 면할 수 없다는 것을 말해 주고 있습니다. 그 죽음 앞에서는 인간이 의미 있다고 여기는 모든 것들이 허무입니다.

그러나 예수 그리스도가 이 십자가에서 죽으심으로 우리는 새로운 미래를 갖게 되었습니다. 그리고 십자가는 새로운 삶을 시작하는 자리가 되었습니다. 여기서 우리는 우리를 사랑하시고 우리를 기다리시는 아버지 하나님을 만나게 됩니다.

복습을 위한 질문
1. 십자가는 이 세상에서 가장 절망적인 자리이며, 단절의 자리인

동시에 죽음의 자리였습니다. 그 자리가 예수의 생애에서 절정을 이루는 자리가 되는 까닭은 무엇입니까?

2. 십자가는 하나님의 구원사와 윤리적 관점에서 어떤 의미가 있습니까?

3. 예수님의 십자가상 죽음은 하나님께 복종의 삶, 헌신의 삶, 사랑의 삶을 마감하는 동시에 인간의 마지막까지 감수하신 것을 의미합니다. 더 이상 내어 놓을 것이 없는 자기 희생을 감당하신 예수의 삶을 우리는 어떻게 따를 것인지 나누어 봅시다.

9 사흘 만에 죽은 자 가운데서 다시 살아나셔서

형제들아 내가 너희에게 전한 복음을 너희로 알게 하노니

이는 너희가 받은 것이요 또 그 가운데 선 것이라 너희가

만일 나의 전한 그 말을 굳게 지키고 헛되이 믿지 아니하였으면

이로 말미암아 구원을 얻으리라 내가 받은 것을 먼저 너희에게

전하였노니 이는 성경대로 그리스도께서 우리 죄를 위하여

죽으시고 장사 지낸 바 되었다가 성경대로 사흘 만에 다시

살아나사 게바에게 보이시고 후에 열두 제자에게와 그 후에

오백여 형제에게 일시에 보이셨나니 그 중에 지금까지 태반이나

살아 있고 어떤 이는 잠들었으며 그 후에 야고보에게

보이셨으며 그 후에 모든 사도에게와 맨 나중에 만삭되지

못하여 난 자 같은 내게도 보이셨느니라 나는 사도 중에 지극히

작은 자라 내가 하나님의 교회를 핍박하였으므로 사도라 칭함을

받기에 감당치 못할 자로라 그러나 나의 나 된 것은 하나님의

은혜로 된 것이니 내게 주신 그의 은혜가 헛되지 아니하여

내가 모든 사도보다 더 많이 수고하였으나 내가 아니요

오직 나와 함께하신 하나님의 은혜로라 그러므로

내나 저희나 이같이 전파하매 너희도 이같이 믿었느니라

고린도전서 15장 1-11절

사도신경의 예수 그리스도에 대한 명제에서 이 부활의 내용은 십자가와 함께 매우 중요합니다. 그래서 이 장에서는 역사적 사건으로서 부활에 대해 살펴보고, 그 부활의 의미, 그리고 마지막으로 부활이 현실의 삶에 미치는 영향에 대해 함께 나누고자 합니다.

　부활은 역사적인 사건이다
　신학자 윌리엄 바클레이는 다음과 같이 말했습니다.
　"그리스도교 신앙의 중심은 부활이다. 부활이 없었다면 우리는 십자가의 참뜻을 몰랐을 것이다. 부활이 없었다면, 십자가는 한 착한 어른이 비극적 죽음으로 생을 마친 것에 끝나 버리고 만다. 그 소문은 몇 세기를 거쳐 오늘날까지 전해졌을 수는 있으나 그 이상의 일은 없었을 것이다. 아니, 그런 소문은 쉬 사라져 버렸을 것임에 틀림

없다. 우리가 십자가를 알고 있는 것은 부활이 있었기 때문이다. 그리스도를 그리스도답게 하는 것은 부활이다."

로흐만 교수는 "믿음으로부터 부활이 정초(定礎)된 것이 아니라, 그리스도의 부활에서부터 믿음이 정초된 것이다"라고 했습니다. 저는 이 견해에 전적으로 찬성합니다. 기독교 신앙에서 부활에 대한 믿음, 부활 의식, 개념이 먼저 있었고, 그것이 나중에 살아나서 부활에 대한 케리그마(kerygma, 선포)가 생겨난 것이 아닙니다. 그와는 반대로 먼저 부활이 역사적 사건으로 있었고, 믿음이 그 사건에 기초하게 되었습니다.

특별히 사도신경에서 '장사된 지 사흘 만에'를 강조하는 것은 역사적 사건으로서의 부활을 강조하는 것입니다. 예수께서 십자가에 못박혀 죽으시고 장사된 후 사흘이라는 시간은 예수를 따르던 사람들에게나, 좀더 나아가서 역사적으로나 매우 어두운 밤이었습니다. 이 사실에 대한 사도신경의 내용과 복음서의 내용은 일치합니다.

복음서 기자들은 예수께서 십자가에 못박혀 죽으시고 장사된 후 사흘이라는 시간이 매우 절망적이며 어두운 밤이었음을 강조하고 있습니다. 그를 따르던 제자들은 모두 깊은 절망감으로 그들의 앞날을 위한 대책을 강구하기 시작했고, 일부는 고향길에 오르기도 했습니다. 또한 예수를 따르던 여인들은 예수의 시신을 잘 보존하기 위해 준비한 향품을 가지고 무덤으로 찾아갔습니다. 그리고선 누가 자기들을 위해 무덤 문에서 돌을 굴려 줄 것인가를 염려했습니다.

그런데 사흘 만에 그러한 어두운 밤이 새로운 역사의 아침으로 바뀌었습니다. 예수의 부활 소식을 접한 제자들은 놀라기도 하고, 의심하기도 하는 한편 기뻐했습니다. 그러나 예수의 부활은 몇몇 목격자들의 놀라움과 기쁨의 경험으로 끝나지 않았습니다. 예수의 부활이 있은 후 몇 가지 괄목할 만한 역사적 사건이 생겨났습니다.

첫째, 교회가 생겨났습니다. 예수가 부활하기 전까지만 해도 교회가 없었습니다. 그런데 예수의 부활 후 부활 신앙에 기초한 성도들의 공동체적인 교회가 생겨났습니다.

둘째, 주님의 날이 생겨났습니다. 주중의 첫째 날인 일요일이 부활을 기념하는 주님의 날(주일)로 바뀌었습니다.

셋째, 부활을 목격하고 경험한 제자들의 삶에 극적인 변화가 생겼습니다. 그들은 주님의 십자가와 부활, 다시 오심을 증거하는 증인들이 되었습니다.

사도 바울은 고린도전서 15장 본문에서 역사적 사건으로서의 예수 부활에 대해 이렇게 말합니다.

"내가 받은 것을 먼저 너희에게 전하였노니 이는 성경대로 그리스도께서 우리 죄를 위하여 죽으시고 장사 지낸 바 되셨다가 성경대로 사흘 만에 다시 살아나사 게바에게 보이시고 후에 열두 제자에게와 그 후에 오백여 형제에게 일시에 보이셨나니 그 중에 지금까지 대다수는 살아 있고 어떤 사람은 잠들었으며, 그 후에 야고보에게 보이셨으며 그 후에 모든 사도에게와 맨 나중에 만삭되지 못하여 난 자 같은 내게도 보이셨느니라"(고전 15:3-8).

공관복음서와 요한복음에 기록되어 있는 부활 사건에 대한 기사

배열에는 다소 차이가 있습니다. 그러나 한 가지 분명한 것은 예수의 부활 자체에 이의를 제기하거나 견해를 달리하지는 않는다는 점입니다. 복음서 기자들이 전해 주는 예수의 부활은 분명히 역사적 사건인 동시에 역사를 초월합니다.

복음서 기자 마태는 예수의 '빈 무덤'을 강조합니다. 죽은 자와 산 자의 관계는 다른 어떤 것보다 무덤과 밀접한 관련이 있습니다. 예수께서 무덤에 장사된 후 분명히 돌로 무덤 문을 막고 밀봉까지 하고 로마 병사들이 그 무덤을 지켰습니다. 그런데 그 무덤이 빈 무덤이 되었습니다.

누가의 경우 부활하신 예수의 '실체'를 강조합니다. 예수의 제자들 가운데 두 사람이 예루살렘에서 삼십 리쯤 떨어진 엠마오라는 동네로 가던 길 위에서 예수를 만나게 됩니다.

요한은 예수 부활의 '역사성'과 '초월성'을 강조합니다. 제자들이 함께 모여 있을 때 문을 모두 닫아걸었는데, 그 자리에 예수께서 나타나셔서 손과 옆구리를 보여 주시면서 자신이 부활하셨다는 사실을 확증시키셨습니다. 요한은 예수의 부활 사건이 시간과 공간을 초월하는 사건임을 강조합니다.

부활에서 발견한 소망의 약속

예수의 부활은 십자가 이전의 삶의 관계들의 회복, 죽은 시신의 환생, 부활 이전 것의 연장이 아닙니다. 부활은 마지막 것들의 드러남입니다. 여기서 '마지막 것들'이란 죽음 이후 인간의 생에 관한 것이 아닙니다. 여기서 최종적인 것들은 인류의 운명을 포함해서 모든 피조 세계의 운명입니다. 예수의 부활은 만물을 새롭게 하시는 하나님의 다가올 시간들 가운데 감추어진 것이 드러나는 사건입니다.

여기서 잠시 제 개인적인 신앙 이야기를 나누고자 합니다.

현재 제 신앙의 패러다임은 '만물을 새롭게 하시는 하나님의 약속'에 있습니다. 그러나 제가 이 패러다임에 도달하기까지는 여러 차례 제 신앙을 재구성하는 과정이 있었습니다. 어린 시절부터 기독교 신앙 안에서 성장해 온 하나님과 인간에 대한 저의 이해는 여러 차례 새롭게 재구성되었습니다. 그 과정 속에서 방황, 좌절, 아픔, 당황이 수반되곤 했습니다. 그런 시간이 지나고서야 제 영혼의 닻은, 만물을 새롭게 하시겠다는 하나님의 약속에 내려지게 되었습니다.

이 소망의 약속으로 인해 제 개인적인 삶의 통합과 더불어 통합적인 목회 비전을 갖게 되었습니다. 그리고 세상의 미래를 긍정적으로 바라보게 되었습니다. 이 소망의 약속은 제 개인의 경건이나 개인적인 업적이 아닌 하나님의 영원한 약속이기 때문에 더 이상 흔들림이 없을 것이라 생각합니다.

저는 한동안 이 소망의 약속이 무엇인가를 생각해 보았습니다. 그리고 그 해답을 예수의 부활에서 발견하게 되었습니다. 저는 예수의 부활을 통해 하나님의 새로운 미래 가운데 있는 저 자신을 보게 되었습니다. 하나님의 새로운 미래 가운데 있는 저는, 하나님께로부터 온전히 용서받고, 받아들여지고, 화해하고, 치유되고, 보상된 모습이었습니다.

그 후부터 저는 그 약속의 소망을 바라보며 살아가게 되었습니다. 혹 시험에 들거나 좌절해서 넘어질 때라도 저는 깊이 좌절하거나, 깊은 심연의 골짜기로 떨어져 저를 억압하거나, 학대해서 만신창이로 만들지 않습니다. 그 대신 '나는 하나님의 희망의 약속 가운데 있는 사람'이라는 희망과 확신 가운데서 넉넉히 다시 일어납니다. 그뿐만이 아닙니다. 저는 더 이상 이 세상을 에덴 동산에 비추어 보지 않고 하나님의 완성된 시간 안에서 보게 되었습니다.

예수의 부활은 만물을 새롭게 하시는 하나님의 새로운 미래 시간의 시작입니다. 사도 바울은 그 새로운 시간의 시작에 대해 이렇게 말했습니다.

"이전 것은 지나갔으니, 보라 새 것이 되었도다"(고후 5:17).

여기서 말하는 새로움은 일반적인 것, 추상적인 것이 아닙니다. 지금 현실적으로 가능해진 것, 하나님의 전적인 새로운 세계에서 가능해진 것을 의미합니다.

예수의 부활을 통해 비춰진 인류의 미래는 심판과 저주가 아닙니다. 평강과 희망입니다. 우리 그리스도인의 희망, 기쁨은 바로 여기 있습니다. 우리는 부활의 지평 위에서 무엇이 거짓이며 참인지를 분명히 보게 됩니다. 진정한 희망과 환상을 구별할 수 있습니다. 부활은 모든 어두움의 실체를 그대로 다 폭로합니다. 우리는 죽음이 생의 마지막인 줄 알고 죽음 앞에서 모두 무릎을 꿇습니다. 사탄은 죽음을 앞세워 우리를 협박하곤 합니다. 그러나 예수의 부활은 그것이 얼마나 거짓인지를 알게 합니다.

이 세상에서 교회의 희망과 비전은, 교회 자체의 크기나 재정적 풍부함이나 교인들의 지적 수준에 있지 않습니다. 교회의 희망과 미래는 하나님의 새로운 시간 안에 있는 미래입니다. 바로 그것이 교회가 지향해 가야 하는 목표입니다.

부활이 우리 현실에 끼치는 영향

우리는 우리의 궁극적인 운명이 죽음이나 지옥이 아니라는 사실을 예수의 부활을 통해 알게 됩니다. 우리는 하나님의 희망 가운데 있는 자녀들이라는 엄연한 사실을 부활을 통해 받아들이게 됩니다. 우리는 부활을 과거 삶의 연장이 아닌, 새로운 미래의 시간이라는 측면에서 바라볼 때 더 이상 지금의 현실을 운명으로 받아들이지 않게 됩니다. 이 문제에 대한 이해를 돕기 위해 지극히 일반적인 이야기 하나를 들려 드릴까 합니다.

일찍 부모를 여의고 할아버지 손에서 자란 에드워드 보크라는 소년이 있었습니다. 그의 고향은 조그마한 섬이었습니다. 집이 너무 가난하고 어려워 소년은 눈물을 흘리면서 고향을 떠나야만 했습니다.

섬을 떠날 때 할아버지는 어린 에드워드의 머리를 쓰다듬으면서 "너한테 꼭 일러 주고 싶은 말이 있다. 너는 이제부터 어디를 가든지 네가 있는 곳이 너로 인해 어떤 모양으로든 좀더 나아지도록 힘써야 한다. 이것이 너에게 주는 유일한 밑천이다. 너는 이것을 명심해서 실천하며 살아라" 하며 아픈 마음을 달래며 어린 손자를 보냈습니다.

돈 한 푼 없이 미국 본토에 상륙한 에드워드는 어려움을 극복하기 위해 가장 손쉬운 신문팔이를 시작했습니다. 그는 많은 사람이 오가는 거리 한 모퉁이에서 신문을 팔면서, '나는 지금 보스턴이라는 도시 길모퉁이에서 신문을 팔고 있다. 이 길을 무슨 모양으로든 보다 나아지게 해야겠다' 하고 생각했습니다.

그는 신문을 파는 틈틈이 모퉁이에 뒹구는 종이 조각과 담배 꽁초를 치우기도 하고, 때때로 조그만 빗자루를 마련해서 쓸기도 했습니다. 손님들은 그 곳에만 오면 틀림없이 신문을 살 수 있다는 기쁨과 길거리가 한결 깨끗해진 데 대해 에드워드에게 감사해했습니다.

에드워드는 그 뒤 몇몇 다른 직장을 거쳐 커트스 출판사의 사무실과 서적 판매장을 청소하는 사람이 되었습니다. 그는 할아버지의 교훈을 생각하며 '내가 오기 전보다 여기가 좀더 깨끗해져야 한다. 서적과 잡지도 좀더 많이 팔려야 한다'고 다짐하곤 했습니다. 그가 온 뒤 회사는 티 하나 없이 깨끗해졌고, 그가 판매원들의 일까지 도와주었기 때문에 판매 활동도 한결 원활해졌습니다. 그는 그 회사에서 점원이 되고 판매부장이 되고, 경제부장, 편집국장, 지배인 등의 직위를 거쳐 중역이 되고 사장으로까지 성장하였습니다.

에드워드는 '나는 지금 미국의 유력한 시민이며, 경험과 경제력도 가졌고, 국민에게 영향을 미칠 출판물도 갖고 있다. 나는 지금 내가 살고 있는 이 미국을 좀더 좋은 나라로 만들어야만 한다'고 생각했습니다. 그는 할아버지가 준 인생철학을 마음 깊이 새기면서 국내에서 여러 사회운동과 문화사업을 벌였고, 각종 출판물을 값싸게 농촌까지 보급시키는 정열을 불태우다가 1925년 은퇴했습니다.

"너는 이제부터 어디를 가든지 너로 말미암아 네가 있는 곳이 어떤 모양으로든 좀더 나아지도록 힘써야 한다."

저는 에드워드의 할아버지가 가르쳐 준 교훈과, 그것을 그대로 실천하며 살아간 에드워드의 삶에서 부활의 빛을 보았습니다.

어두움 가운데 부활의 빛이 침투할 때 현재보다 더 나은 세상을 보게 됩니다. 소망 가득한 미래를 품게 되고 결국은 그 소망의 삶이 현실로 나타나게 됩니다. 그래서 부활 신앙이 불의, 독재, 거짓, 폭력을 거부하게 됩니다. 그리고 그것이 참된 것이 아님을 알고 새로운 미래를 향해 일어서게 됩니다. 그러한 의미에서 부활은 현재부터 시작되는 새로운 시간입니다.

디트리히 본회퍼(Dietrich Bonhoeffer)는 다음과 같이 말했습니다.

"그리스도 부활의 기적은 죽음의 우상화를 근본적으로 폐기한다. 죽음이 최종적인 말을 하는 곳에서는 지상적인 것이 모두 무(無)가 된다. 지상적인 것을 영원한 것이라고 강변하는 것은 생을 가볍게 취급하는 놀이에 지나지 않는다. 그것은 생에 대한 냉담하고, 경멸적이며, 발작적인 긍정이다. 새 인간, 향상되어야 할 새로운 세계, 새 사회를 말하지만, 그 새것이 생과 아무런 관련성을 갖지 못할 때, 죽음의 우상화는 다시 현저히 나타난다. 그러나 죽음의 힘은 이미 꺾였다.”

레온하르트 라가쯔(Leonhard Ragaz)는 이렇게 말했습니다.

“우리는 사건이든 인간이든, 개인이든 국민이든 간에 짓밟혀 으스러진 것과 죽은 모든 것의 부활을 믿는다. 부활과 삶의 빛은 그리스도의 열린 무덤을 통하여 끝없이 세계 안으로 흘러 들어온다. 이것이 부활이고 부활 신앙이다.”

사랑하는 여러분, 우리는 예수께서 십자가에 못박혀 죽으셨고, 사흘 만에 죽은 자 가운데서 다시 살아나셨음을 고백합니다. 이러한 고백에는 이전 것은 지나가고 새것이 된 존재로 산다는 의미가 포함되어 있습니다. 우리는 더 이상 죽음의 권세 아래 있는 사람들이 아닙니다. 우리는 부활의 새 생명을 가지고 살아가는 사람들입니다. 그러므로 우리에겐 한숨과 탄식 대신에 부활의 노래가 있어야 합니다.

프랜시스 쉐퍼(Francis Schaeffer)는 “그리스도인들에게는 오직 한 가지 과제만이 있다. 그것은 어떻게 부활의 삶을 살아 내느냐다”라고 했습니다. 그렇습니다. 우리에게 주어진 과제는 어떻게 율법을 잘 지켜 구원을 얻느냐에 있지 않습니다. 이미 부여받은 새 생명의 삶을 어떻게 살아 가느냐에 있습니다. 우리에게는 영원한 새 생명이 약속으로 주어져 있습니다. 우리에게는 새 하늘과 새 땅이 열려 있습니다. 우리는 그 약속을 받은 자녀들답게 살아가야 합니다.

우리의 사랑, 헌신, 섬김은 구원을 쟁취하기 위한 것이 아닙니다. 그러한 것들은 부활의 새 생명을 가진 자로서 살아가는 삶의 방식입니다. 우리는 소망이 있고 미래에 대한 확실한 보장을 받고 있기 때문에 담대할 수 있습니다.

우리 주 예수 그리스도는 죽은 자 가운데서 다시 살아나셨습니다. 이것은 그가 환생하셨다는 것이 아닙니다. 하나님의 능력과 영광 가운데 있는 새로운 존재로 자신을 드러내신 것입니다. 우리는 예수의 그 부활을 통해 진정한 새것이 어떤 것인지 알게 되었습니다. 우리는 그 새것에 대한 약속을 가지고 있습니다.

복습을 위한 질문

1. 부활 이후 생겨난 주목할 만한 역사적 사건들은 무엇입니까?
2. 에드워드 이야기가 당신에게 주는 도전이 있다면 무엇입니까?
3. 부활은 믿는 자들에게 소망을 줍니다. 부활로부터 개인적으로 발견한 소망의 약속이 있다면 무엇인지 생각해 보고 함께 나누어 봅시다.

10 하늘에 오르사……심판하러 오시리라

저희가 모였을 때에 예수께 묻자와 가로되 주께서 이스라엘 나라를

회복하심이 이 때니이까 하니 가라사대

때와 기한은 아버지께서 자기의 권한에 두셨으니 너희의 알 바 아니요

오직 성령이 너희에게 임하시면 너희가 권능을 받고 예루살렘과

온 유대와 사마리아와 땅 끝까지 이르러 내 증인이 되리라 하시니라

이 말씀을 마치시고 저희 보는 데서 올리워 가시니

구름이 저를 가리워 보이지 않게 하더라

올라가실 때에 제자들이 자세히 하늘을 쳐다보고 있는데

흰 옷 입은 두 사람이 저희 곁에 서서 가로되

갈릴리 사람들아 어찌하여 서서 하늘을 쳐다보느냐 너희 가운데서 하늘로

올리우신 이 예수는 하늘로 가심을 본 그대로 오시리라 하였느니라

사도행전 1장 6-11절

이제 하는 말의 중요한 것은

이러한 대제사장이 우리에게 있는 것이라

그가 하늘에서 위엄의 보좌 우편에 앉으셨으니

성소와 참 장막에 부리는 자라

이 장막은 주께서 베푸신 것이요 사람이 한 것이 아니니라

대제사장마다 예물과 제사 드림을 위하여 세운 자니

이러므로 저도 무슨 드릴 것이 있어야 할지니라

예수께서 만일 땅에 계셨더면 제사장이 되지 아니하셨을 것이니

이는 율법을 좇아 예물을 드리는 제사장이 있음이라

저희가 섬기는 것은 하늘에 있는 것의 모형과 그림자라

모세가 장막을 지으려 할 때에 지시하심을 얻음과 같으니

가라사대 삼가 모든 것을 산에서 네게 보이던 본을 좇아 지으라 하셨느니라

그러나 이제 그가 더 아름다운 직분을 얻으셨으니

이는 더 좋은 약속으로 세우신 더 좋은 언약의 중보시라

히브리서 8장 1-6절

이 장에서 공부할 내용은 사도신경에서 예수 그리스도와 관련된 명제 중 마지막 내용 '하늘에 오르사, 전능하신 하나님 아버지 우편에 앉아 계시다가, 거기로부터 살아 있는 자와 죽은 자를 심판하러 오시리라' 입니다. 이 진술은 그리스도인들에게 풍부한 신화적 상상력을 불러일으키는 부분이기도 합니다.

예를 들면, 여기서 예수께서 하늘에 오르시는 장면을, 저 우주 공간에 있는 수많은 별들 가운데 하나의 별로 올라가시는 모습으로 상상할 수 있습니다. 그곳에 하나님의 화려한 보좌가 있고, 예수께서 그 보좌에 앉아 우리가 살고 있는 지구를 내려다보고 계십니다. 우주 공간 어느 별에 올라가 있는 예수께서 하시는 일은 주로 인간의 잘못된 일을 감시하는 것입니다. 그렇게 상상하게 되는 동기는 그 다음에 이어지는 '그가 다시 심판하러 오시리라'라는 명제 때문입니다. 그가 다시 오실 때는 무서운 형벌의 시간입니다.

이러한 이해 안에서는, 하나님은 공포의 대상이 됩니다. 예수의 승천에 대한 이러한 신화적인 상상은 우주 과학이 발달하면서 점점 어려워집니다. 요즈음 신앙을 갖는 것이 옛날보다 더 어려운 것은 우리가 나름대로 상상의 날개를 펴서 머무를 수 있는 신화의 공간이 없기 때문이기도 합니다.

부활 이후 예수의 존재 방식

칼 융은 자기를 찾아오는 환자들 중 많은 수가 정신 질환과 관련된 경우라기보다 종교적인 문제와 관련된 경우라고 했습니다. 그러한 종교적인 문제는 천당과 지옥의 개념이 없어졌기 때문에 생긴 것이라고 했습니다. 과학이 발달하면서 사람들이 과거에 가지고 있던 천당과 지옥 개념이 무너졌고, 그 결과 마음의 안정을 잃어버렸다는 것입니다.

물론 사도신경의 진술이 잃어버린 천당과 지옥의 개념을 다시 세워 가려는 것은 아닙니다. 예수께서 은하계에 있는 어느 유성으로 올라가셨다고 규명하려는 것도 아닙니다. 여기서 말하고자 하는 것은 '예수의 존재 방식'입니다. 여기서는 예수께서 부활하시기 전과 그 후, 그의 존재 방식과 사역이 어떻게 바뀌었는가를 진술하고 있습니다.

히브리서에는 "예수 그리스도는 어제나 오늘이나 그리고 영원토록 동일하시니라"(히 13:8)라고 기록되어 있습니다. 그러나 그의 존재 방식과 사역의 형태는 부활하기 전과 후가 완전히 다릅니다. 부활하기 전에는 성육신하셔서 고난의 삶을 사시다가 십자가에 못박혀 죽으심으로 지상의 사역을 완수하셨습니다. 그리고 부활하신 후에 그는 '하늘에 오르사, 전능하신 하나님 아버지 우편에 앉아 계시다가, 거기로부터 살아 있는 자와 죽은 자를 심판하러 오시는' 것으로 바뀌었습니다.

사도신경의 이 대목에 '오르다', '앉다', '오시리라'는 세 개의 동사가 있습니다. 이들 동사의 시제는 다 다릅니다. 각각 과거, 현재, 미래로 되어 있습니다. 그런데 각 동사가 독립된 동작으로 끝나지 않고 처음 동작이 그 다음 동작으로 이어집니다. 다시 말하자면 첫 번째 동사가 그 다음에 나오는 동사의 동작을 지시합니다. 이것은 존재 양식의 변화를 의미하는 것입니다. 예수 그리스도는 어제나, 오늘이나, 영원토록 변함이 없습니다. 그렇지만 그의 존재 양식과 사역의 형태는 바뀌었습니다. '오르시고, 앉으시고, 오시는' 것으로 바뀐 것입니다.

먼저 '하늘에 오르사'는 '지옥으로 내려가셨다'는 진술과 서로 대칭됩니다. 이를 고대 사람들의 세계관에 따라 문자적으로 해석한다면, 예수께서 땅 속에 있는 지옥으로 내려가셨다가 천상 세계로 올라가신 것입니다.

고대 사람들은 이 세상이 하늘, 땅, 지옥의 삼층천(三層天)으로 되어 있다고 믿었습니다. 그러한 고대 사회의 세계관으로 이 진술을 이해한다면 지옥과 하늘은 엄연히 대조적인 장소입니다. 예수는 아주 음산한 지하 감옥 같은 곳에 계시다가 저 천상의 세계로 옮겨 가신 것입니다. 사도신경의 이 대목을 그러한 개념으로 받아들일 때, 예수를 오늘날과 같은 우주 시대의 우주 비행사 같은 분으로 상상하는 것도 가능한 일일 것입니다.

그러나 이미 얘기한 대로 사도신경에서 지옥이나 하늘은 공간 개념이 아닙니다. 이것은 예수 그리스도의 존재 방식과 사역의 형태와 관련된 표현입니다. 예수께서 지옥으로 내려가셨다는 표현은 '인간과 연대하셔서 인간의 가장 어두운 삶의 부분까지 경험하셨다'는 것을 의미합니다. 그리고 하늘로 오르셨다는 것은 '하나님의 능력과 영광에 참여하셨다'는 것을 의미합니다. 그러므로 오르셨다는 동작은 곧바로 하나님 우편에 앉으시는 동작으로 이어집니다. 이것은 변화의 구체적인 상태를 표현하는 것입니다. 구약의 개념으로 하나님 우편은 하나님과 동등한 권위를 가진다는 뜻입니다.

로흐만 교수는 이렇게 말합니다.

"예수께서 하나님의 오른편으로 오르심은 피안의 천공(天空) 세계로 들어가심을 의미하는 것이 아니라 하나님과 함께 있는 예수의 존재를 의미하는데, 그것은 하나님이 예수의 능력과 영광 안에 계신다는 것을 의미한다. 그러므로 이제 예수 그리스도는 하나님과 더불어 하나님의 존재 양식으로 우리와 함께 계신다. 이것을 상징적으로 표현한다면, 그는 우리의 중보자로서 하나님과 함께 계신다"(히 7:25 참조).

부활하시기 전 예수의 존재 방식은, 종의 모양으로 이 세상에 오서서 사람들을 섬기며 십자가를 지시는 것이었습니다. 그러나 부활하신 후 그는 하나님의 능력과 영광에 참여하는 영원한 대제사장으로 계십니다. 이미 언급한 대로 '하나님 우편에 앉아 계신다'에서 '하나님 우편'은 장소를 의미하지 않습니다. 이것은 예수에게 부여된 '하나님과 동등한 권위'를 의미합니다. 만약 예수께서 이러한 존재 양식으로 계시지 않는다면 우리의 미래가 얼마나 암담할지 아무도 모릅니다.

구약 시대 때 대제사장은 본래 인간이 이 세상에서 해결할 수 없는 문제를 하나님 앞에서 해결받고자 할 때, 그를 하나님께로 인도하는 역할을 했습니다. 예수 그리스도께서 우리의 영원한 대제사장 되신다는 것은, 그분이 우리 생의 문제에 깊은 관심을 가지고 우리를 돌보아 주신다는 의미입니다. 이는 우리 인간의 문제는 이 세상 무엇으로도 해결할 수 없다는 뜻입니다. 그리고 예수 그리스도를 영원한 대제사장으로 모신다는 것은, 그 삶이 더 이상 세상에 속해 있지 않고 영원한 하나님 나라에 속해 있음을 의미합니다. 사도 바울은 이를 '하늘에 있는 시민권자'(빌 3:20)로 표현했습니다.

히브리서 저자는 이 희망에 대해 이렇게 말합니다.

"그러므로 우리에게 큰 대제사장이 있으니 승천하신 자 곧 하나님 아들 예수시라. 우리가 믿는 도리를 굳게 잡을지어다. 우리에게 있는 대제사장은 우리 연약함을 체휼하지 아니하는 자가 아니요, 모든 일에 우리와 한결같이 시험을 받은 자로되 죄는 없으시니라. 그러므로 우리가 긍휼하심을 받고 때를 따라 돕는 은혜를 얻기 위하여 은혜의 보좌 앞에 담대히 나아갈 것이니라"(히 4:14-16).

부활하신 예수께서 대제사장으로 계시면서 우리가 살고 있는 이 현실에 관여하시는 구체적인 존재 방식과 사역의 한 형태가 교회로 나타나고 있습니다. 교회는 그리스도의 몸으로서 예수 그리스도의 구체적인 존재 방식과 사역의 한 형태로 이 세상에 있습니다. 그리스도의 몸인 교회는 예수께서 보여 주신 종의 모습으로 이 세상을 섬기고 있습니다. 그래서 이 세상 사람들이 교회를 바라볼 때 예수 그리스도를 연상하게 됩니다. 교회는 이 세상에 있지만 이 세상이 아닌 예수 그리스도께 속해 있으며, 예수 그리스도는 하나님과 함께 계십니다. 교회는 현실에 있지만 영원 가운데 있습니다.

'심판하러 오시리라'가 주는 의미

오늘 공부하고 있는 사도신경의 진술 가운데 마지막으로 '심판하러 오시리라'입니다. 이 진술에는 다음과 같은 몇 가지 중요한 의미가 내포되어 있습니다.

첫째, 모든 피조물은 예수 그리스도의 통치 아래에 있다는 의미입니다. 예수 그리스도의 통치 바깥에 있는 것은 없습니다. 이것은 예수 그리스도의 최후 승리를 의미합니다. 사도 바울은 이 문제와 관련해서 다음과 같이 말합니다.

"하늘에 있는 자들과 땅에 있는 자들과 땅 아래에 있는 자들로 모든 무릎을 예수의 이름에 꿇게 하시고, 모든 입으로 예수 그리스도를 주라 시인하여 하나님 아버지께 영광을 돌리게 하셨느니라"

(빌 2:10, 11).

그래서 입을 가진 자들은 예수 그리스도를 주라고 시인하지 않을 수 없습니다. 왜냐하면 대제사장이신 예수 그리스도 없이는 결국 죽음에 삼킨 바가 되기 때문에 예수 그리스도를 주로 시인하는 것 외에 다른 길이 없습니다. 강요에 의해 예수 그리스도를 주라 시인하는 것이 아닙니다. 모든 무지, 오만, 반항 가운데 더 이상 얽매여 있지 못하기 때문에 시인하는 것입니다.

소설《벤허》의 작가 루 윌리스(L. Wallace)는 미국 인디애나 주 브룩빌에서 태어나 법률을 전공하던 중 멕시코 전쟁이 일어나자 지원병으로 입대하게 되었습니다. 그는 남북 전쟁 때 육군 소장으로 북군을 지휘하기도 했습니다. 그는 처음에 예수 그리스도의 사건이 거짓말이라는 것을 밝힐 목적으로 책을 쓰려고 2년간 연구하다가 도저히 부인할 수 없는 사실 앞에 무릎을 꿇게 되었습니다. 그는 결국 "당신은 나의 주, 나의 하나님"이라고 부르짖으며 예수 그리스도가 살아 계신 하나님의 아들임을 증명하는 소설《벤허》를 썼습니다. 사실《벤허》는 주인공 벤허의 이야기라기보다 예수에 관한 이야기입니다.

둘째, '산 자와 죽은 자를 심판하러 오신다'는 진술은 이 세상에 사는 우리에게 삶의 가치, 목적, 윤리의식을 부여합니다. 만물을 새롭게 하시려는 하나님의 궁극적인 목적이 아직 드러나지 않고 있습니다. 이럴 때 우리는 가만히 앉아서 그때를 기다리면서 텔레비전에 넋을 잃고 있을 게 아닙니다. 아직 우리에게 남아 있는 일을 해야 합니다.

사도행전 본문 말씀에 제자들이 예수께 "하나님 나라를 회복할 때가 이 때입니까?"라고 묻자, 예수님은 때와 시기에 관한 것은 너희에게 속한 사항이 아니라고 말씀하시면서 오직 증인의 임무를 충실히 해 나갈 것을 명하셨습니다. 증인의 삶은 분명한 삶의 가치, 목적, 윤리적 책임을 가지고 살아가는 것입니다. 사도 바울은 이 기간 동안 특별히 기뻐하며 모든 사람들에게 관용을 나타내 보이라고 했습니다.

"주 안에서 항상 기뻐하라 내가 다시 말하노니 기뻐하라 너희 관용을 모든 사람에게 알게 하라 주께서 가까우시니라"(빌 4:4, 5).

관용의 삶은 서로 나눔의 삶이며, 돌봄의 삶입니다. 주께서 오신다는 이 진술은 우리를 이기심과 욕심에서 해방시킵니다. 그 결과는 다른 사람에게 사랑과 관용을 베푸는 삶으로 나타납니다.

이것은 마지막 심판의 때가 어둡고도 암울한 저주의 시간이 아니며, 기쁨과 영광의 시간임을 뜻하는 것입니다. 이 희망, 기쁨, 영광을 극히 제한된 특별한 사람들만이 아닌, 모든 사람이 공유할 수 있도록 이 세상에 알릴 책임이 그리스도인들에게 있습니다.

셋째, 우리에게 마지막 때를 기다리며 살아가는 희망이 남아 있다는 것은, 현실의 삶을 참되고 신실하게 살아가게 하는 동인(動因)이 됩니다. 다시 말하자면 이 세상을 긍정할 수 있는 동인이 되는 것입니다. 사도 바울은 이 문제에 대해 다음과 같이 말합니다.

"종말로 형제들아 무엇에든지 참되며 무엇에든지 경건하며 무엇에든지 옳으며 무엇에든지 정결하며 무엇에든지 사랑할 만하며 무엇에든지 칭찬할 만하며 무슨 덕이 있든지 무슨 기림이 있든지 이것 들을 생각하라"(빌 4:8).

무엇에든지 삶을 긍정할 수 있는 동인은 그분이 다시 오신다는 희망에 있습니다. 이 날은 궁극적인 해방의 날입니다. 이 날은 경건한 자들이 쌓아 올린 공적의 결과가 아닙니다. 이 날은 예수의 산상수훈 팔복에 나타나 있는 가난한 자, 우는 자, 온유한 자, 의에 주리고 목마른 자, 자비한 자, 마음이 깨끗한 자, 평화를 만들어 가는 자, 의를 위해 박해를 받는 자들에게 최후의 날 곧 최종적인 해방의 날입니다.

하나님의 구원사에서 이 마지막 때에는 성공한 자들, 자신의 뜻을 관철한 자들, 세상에서 승리의 월계관을 쓴 자들의 실체가 드러나는 시간이기도 합니다. 비록 이러한 자들이 교회에서까지 득세하며 칭찬과 영예의 갈채를 받는 것이 현실이지만, 최후의 날에는 그렇지 않습니다. 그 날은 모든 세상적인 가치가 뒤집히는 날입니다. 그들이 오히려 슬피 울며 탄식하는 날이기도 합니다. 예수가 다시 오신다는 이 약속은 의를 위해 고난 당하며, 의에 주리고 목마른 자들에게 더 큰 희망과 용기와 격려를 주는 약속입니다.

마지막으로, 이 날은 모든 것이 파멸해 버리는 허무의 시간이 아닙니다. 만물을 새롭게 하시는 하나님의 능력과 영광이 온전히 드러나는 완성의 시간이며, 새로운 시작의 시간입니다. 기독교 신앙에서 마지막은, 모든 것의 끝이 아니라 시작입니다. 이 시작은 세상으로 환생해서 지나간 옛 삶을 복원하는 시작이 아닙니다. 여기서 의미하는 시작은 하나님의 영광 가운데서 이루어지는 새로운 차원의 시작입니다. 개인적으로는 하나님과 온전히 화해한 삶, 용서받은 삶, 치유된 삶, 보상된 삶으로서의 시작입니다.

예수 그리스도는 어제나 오늘이나 영원히 변함이 없습니다. 그는 지금도 대제사장으로서 하나님 우편에 계시면서 우리를 위해 중보자의 역할을 담당하고 계십니다. 우리는 그를 힘입어 언제나 때를 따라 돕는 은혜를 얻기 위해 하나님께 담대히 나아갈 수 있습니다.

그는 우리가 당하는 모든 고난을 다 경험하신 분이시기 때문에 우리를 깊이 이해하실 뿐만 아니라 우리를 도우실 수 있습니다. 그를 통해 우리가 하나님께로 나아가는 길이 새롭게 열렸습니다.

사랑하는 여러분, 하나님의 구원사에서 볼 때 지금은 밤이 깊어가고 낮이 가까워 오고 있습니다. 이 문제에 대해 사도 바울은 로마서에서 이렇게 말합니다.

"밤이 깊고 낮이 가까웠으니 그러므로 우리가 어두움의 일을 벗고 빛의 갑옷을 입자 낮에와 같이 단정히 행하고 방탕과 술 취하지 말며 음란과 호색하지 말며 쟁투와 시기하지 말고, 오직 주 예수 그리스도로 옷 입고 정욕을 위하여 육신의 일을 도모하지 말라"(롬 13:12-14).

여기서 우리가 분명하게 확인할 수 있는 것은, 어둠의 시간이 물러가고 하나님의 시간이 점점 가까이 다가오고 있다는 사실입니다. 하나님의 시간은 저주와 심판의 시간이 아닌 해방의 시간입니다. 그 해방의 시간을 기다리는 우리는 좌절하거나 두려워할 필요가 없습니다. 오히려 기뻐하고 감사하며 모든 사람에게 관용을 나타내 보이며 그때를 기다려야 하겠습니다.

복습을 위한 질문

1. 사도신경에 나타난 '하늘에 오르사', '하나님 우편'이 의미하는 바는 장소가 아닌 부활하신 예수의 존재 방식입니다. 그 각각의 진술에 담긴 구체적인 의미를 정리해 봅시다.

2. '심판하러 오시리라'는 진술은 몇 가지 중요한 의미를 던져 줍니다. 각각을 정리해 보십시오.

3. '심판하러 오시리라'는, 그리스도인들에게 해방의 날에 대한 약속입니다. 그 마지막 때를 기다리며 살아가는 그리스도인의 삶의 자세 가운데 나에게 절실히 요청되는 것과 변화되어야 할 것은 무엇인지 적어 보고 각자 기도하는 시간을 가집시다.

11 나는 성령을 믿습니다

오순절 날이 이미 이르매 저희가 다 같이 한 곳에 모였더니

홀연히 하늘로부터 급하고 강한 바람 같은

소리가 있어 저희 앉은 온 집에 가득하며 불의 혀같이 갈라지는 것이

저희에게 보여 각 사람 위에 임하여 있더니

저희가 다 성령의 충만함을 받고 성령이 말하게 하심을 따라

다른 방언으로 말하기를 시작하니라

그 때에 경건한 유대인이 천하 각국으로부터 와서 예루살렘에

우거하더니 이 소리가 나매 큰 무리가 모여 각각 자기의 방언으로

제자들의 말하는 것을 듣고 소동하여 다 놀라 기이히 여겨 이르되

보라 이 말하는 사람이 다 갈릴리 사람이 아니냐

우리가 우리 각 사람의 난 곳 방언으로 듣게 되는 것이 어찜이뇨

우리는 바대인과 메대인과 엘람인과 또 메소보다미아, 유대와 가바도기아,

본도와 아시아, 브루기아와 밤빌리아, 애굽과 및 구레네에 가까운

리비야 여러 지방에 사는 사람들과 로마로부터 온 나그네

곧 유대인과 유대교에 들어온 사람들과 그레데인과 아라비아인들이라

우리가 다 우리의 각 방언으로 하나님의 큰 일을 말함을 듣는도다 하고

다 놀라며 의혹하여 서로 가로되 이 어찐 일이냐 하며

또 어떤 이들은 조롱하여 가로되 저희가 새 술이 취하였다 하더라

사도행전 2장 1~13절

이제 사도신경의 세 번째 명제인 '성령'에 대해 함께 공부해 보고자 합니다. 우리에게 성령과 관련해서 회상되는 몇 가지 인상들이 있습니다. 그러한 것들은 주로 부흥사, 열광하는 신도들, 방언이나 예언기도, 간증 등입니다.

저도 성장 과정에서 어느 한때 성령을 부흥사들의 전유물로 생각한 적이 있습니다. 그래서 성령이 인간을 흥분시키는 어떤 신비스러운 물질인 양 오해한 때도 있었습니다. 그러면서 성령 체험을 몹시 열망했습니다. 제가 성령 체험을 갈망한 것은 성령받았다고 하는 사람들이 교회 내에서 특별한 사람들처럼 대우받고 선망의 대상이 되곤 하였기 때문입니다. 제가 지난 한때 이해한 성령에 대해 한 편의 글을 쓴다면 상당한 분량이 될 것 같습니다.

그러나 성령은 부흥사들의 전유물도 아니며, 인간을 흥분시키거나 자극시키는 신비스러운 물질도 아닙니다. 성령에 대한 우리의 잘못된 이해는, 자칫 우리의 삶을 신앙을 갖지 아니한 것만 못하게 하여 정신을 혼미하게 하고 병들게 할 수도 있습니다.

성령은 성부·성자를 현재적 사건이 되게 한다

사도신경에서 말하는 성령은 창조의 영, 생명의 영, 하나님의 영인 동시에 그리스도의 영이기도 합니다. 이 성령은 인간의 종교적 체험 대상이 아닙니다. 성령은 하나님이 그리스도의 삶 가운데서 임마누엘하시는 힘이요, 그 하나님을 우리의 하나님 아버지로 고백하게 하고 받아들이며, 그에게 복종해 가게 하는 능력입니다.

우리가 "나는 성령을 믿습니다"라고 할 때, 이는 '성령은 창조의 영, 생명의 영, 하나님의 영, 그리스도 영으로서, 그분이 하시는 새 창조의 사역을 믿습니다'라는 뜻이 됩니다. 성령이 하시는 일에는 분명한 목표가 있습니다. 성령이 지향해 가는 목표는 하나님의 새 창조입니다. 그렇다면 사도신경에서 '나는 성령을 믿습니다'라고 할 때, 그것이 구체적으로 어떤 의미를 부여하는지 살펴보겠습니다.

먼저, 성령은 지금까지 우리가 듣고 이해한 사도신경의 첫 번째 명제인 하나님을 현재적 사건이 되게 합니다.

사도신경의 첫 번째 명제가 '전능하사 천지를 만드신 하나님 아버지'입니다. 이 천지를 만드신 하나님이 인간에게서 멀리 떨어져 계시지 않고 인간 세계로 들어오셔서 임마누엘하셨습니다. 이에 우리는 '이 하나님이 어떻게 우리와 함께 계시는가?', '그것이 어떻게 가능한가?'라는 질문을 던지게 됩니다. 이 점에 대해 일찍이 예언자 이사야는 이렇게 말했습니다.

"보라 처녀가 잉태하여 아들을 낳을 것이요 그 이름을 임마누엘이라 하리라"(사 7:14).

하나님은 그의 아들 예수 그리스도의 삶을 통해 우리 가운데 계십니다. 하나님이 그러한 방식으로 우리와 함께 계시도록 하는 힘이 성령입니다.

로흐만 교수는 이렇게 말합니다.

"성령은 친밀하고도 가까이 계시는 하나님이다. 이미 구약에서 하나님의 영은 놀라움과 기쁨을 불러일으키는 하나님의 현존으로 나타난다. 하나님은 시작과 마지막의 주시며 현재의 주시요, 높이와 깊이의 주시며 나의 영혼의 주시다. 이는 모든 피조물의 하나님이실 뿐만 아니라 개인적인 하나님이심을 의미한다. 하나님은 내가 나 자신에게 가까이 있는 것보다 더 가까이 계신다. 그분은 바꿀 수 없는 나의 하나님이시다."

한편 하나님은 우리에게 가장 가까이 계실 뿐만 아니라 우리 인간과 교제를 원하시며 우리를 교제의 상대로 부르십니다. 그리고 하나님은 우리 인간을 창조의 동역자로 부르십니다. 성령은 우리 인간이 하나님과 교제를 가지게 하고, 그의 창조의 사역에 참여하게 하고, 그의 뜻에 복종해 가게 하십니다.

그 다음으로, 성령은 예수 그리스도의 사건이 현재적 사건이 되게 합니다. 예수 그리스도 사건은 분명히 지난 시대에 있었던 역사적 사건입니다. 그러나 그 사건은 현재적이며 미래적인 성격을 갖습니다. 이를 다시 얘기하면 이렇습니다.

예수 그리스도는 십자가에 죽으시고 부활하셔서 하나님 우편에 앉아 계십니다. 그런데 그가 십자가에 죽으시고 부활하셨지만 우리가 살고 있는 이 역사에는 여전히 죽음, 질병, 전쟁과 같은 온갖 어두운 일들이 그대로 남아 있습니다.

여기서 한 가지 질문이 제기됩니다. 그러면 예수 그리스도의 구원 사역은 예수께서 하늘로 올라가신 것으로 끝났는가? 그렇지 않다면 어떻게 그의 사역이 이 역사의 현장에서 계승될 수 있는가? 이러한 질문에 대해 사도신경에서는 세번째 명제인 성령으로 답변해 주고 있습니다.

예수 그리스도께서 십자가에서 죽으시고 부활하신 이후, 그리스도는 이 세상에서 영원히 사라진 것이 아니라 하나님 우편에 앉아 계시면서 시공을 초월해 하나님의 새 창조의 사역을 계속해 가십니다. 그리스도의 사역은 그가 하늘로 올라가신 후 단절된 것이 아닙니다. 그리스도의 일에는 공백이 있을 수 없습니다.

오히려 그리스도께서 하늘에 올라가셔서 하나님 우편에 앉아 계심으로, 그리스도의 사역은 전 인류에게로, 전 피조물에게로 확대되었습니다. 예수께서 그의 제자들과 이별하시고 이 세상을 떠나신 것은 곧 세계 속으로 새롭게 진군해서 들어오시는 시작이었습니다. 그 일이 주님의 영이신 성령을 통해 계승되고 있습니다.

성령의 능력 : 인간 내면의 새로운 창조

성령에 의해 이루어지는 새로운 창조의 일은 인간의 깊은 내면 세계에서부터 시작됩니다. 성령은 정처 없이 허공에 떠다니는 영이 아닙니다. 성령은 먼저 인간의 내적 세계에 깊이 관여하는 분이십니다. 사도 바울은 성령의 이러한 특성과 관련해서 '우리의 몸은 하나님의 영이 거하시는 성전'(고전 3:16)이라고 했습니다.

성령은 진리의 영, 사랑의 띠, 자유의 영입니다. 그렇기 때문에 인간을 강요가 아닌 자유 가운데서 새로운 가치, 목적, 의미를 가지고 살아가는 부활이라는 희망의 지평 위에 올라서게 합니다.

예수의 영이신 성령은 인간으로 하여금 그의 생명을 잃게 하는 것이 아니라, 얻게 하는 데 목적이 있습니다. 집 나간 둘째아들의 비유에 표현된 것처럼, 인간이 제 정신을 차려서 진정 인간일 수 있기를 바라는 것입니다.

기독교 신앙에서 인간의 진정한 자기 실현은 성령의 내재에서 시작됩니다. 성령의 내재 가운데 자신의 비참함을 보고, 좌절하면서, 하나님께서 그를 부르시는 새로운 삶의 지평에 올라서는 데서부터 인간의 진정한 자기 실현이 이루어집니다.

인간에게 성령의 새 창조가 이루어지는 과정에서 제일 먼저 나타나는 현상은, 예수 그리스도의 사건이 자신과 무관하지 않은 사건이 되면서 예수 그리스도를 통해 하나님을 나의 하나님, 나의 아버지로 고백하게 되는 것입니다.

우리는 예수 그리스도의 사건을 통해 하나님이 우리와 가장 가까이 계시는 분, 우리를 찾고 기다리시는 분, 우리를 용서하시는 분이심을 알게 됩니다. 그것은 예수께서 단순히 그렇게 말씀했기 때문이 아니라, 그리스도의 삶 자체가 하나님을 그러한 분으로 드러내셨기 때문입니다.

주일학교 학생 시절 전도사님으로부터 들은 감동적인 실화가 있습니다. 어떤 곳에 남편을 일찍 여의고, 유복자로 키운 아들과 살아가는 어머니가 있었습니다. 그 어머니는 다른 어머니와는 달리 얼굴 형체가 일그러져 있었습니다. 아들이 아주 어릴 때는 어머니의 얼굴이 크게 문제가 되지 않았습니다. 그러나 아들이 자라 초등학교에 다니면서부터는 그러한 얼굴을 가진 어머니를 부끄럽게 여기게 되었습니다.

학교에 가면 친구들은 일그러진 얼굴을 가진 어머니의 아들이라고 놀려댔습니다. 하루는 울면서 집으로 돌아온 아들이 가방을 내동댕이치면서 내일부터 학교에 가지 않겠다는 것이었습니다. 어머니가 아들에게 그 이유를 묻자, 아들은 어머니의 얼굴 때문에 친구들에게 놀림감이 된다고 했습니다.

"엄마! 다른 친구의 어머니들은 다 예쁜데 어머니는 왜 그렇게 생기셨어요?" 하고 아들은 더욱 슬프게 웁니다. 어머니는 아들의 말을 듣고 아무 대꾸도 하지 않고 장롱 서랍에서 앨범을 꺼내 첫장에 있는 젊은 부부의 사진을 아들에게 보여 주었습니다.

"얘야, 이 사진을 좀 보렴. 이 사진에 있는 여자가 이쁘냐, 미우냐?"

"엄마, 이 여자는 너무 예뻐요."

아들이 대답했습니다.

"얘야, 이 여자가 바로 나란다."

그때 아들이 놀라서 물었습니다.

"엄마, 그런데 지금은 얼굴이 왜 그런 거에요?"

어머니는 흐르는 눈물을 닦으면서 지금까지 숨겨 왔던 이야기를 하기 시작했습니다.

"너의 아버지는 네가 뱃속에 있던 해에 사고로 세상을 떠나, 너는 아버지 없는 아이로 세상에 태어났단다. 어느 날 너를 안방에 재워 놓고 집 앞에 있는 빨래터에서 빨래를 하고 있는데, 갑자기 '불이야' 하는 소리가 들리더구나. 뒤를 돌아보니 바로 네가 누워 있는 우리 집이 불길에 휩싸여 있지 않겠니. 달려와 보니 동네 사람들이 와서 불을 끄고 있었고, 너는 그대로 방에서 자고 있었단다. 나는 불길을 헤치고 방으로 뛰어들어가 너를 이불에 싸서 밖으로 빠져 나오다 그만 불길에 이렇게 화상을 입게 되었단다."

어머니의 말을 다 들은 아들은 그 이후로 어머니의 얼굴을 부끄럽게 여기지 않았습니다. 오히려 용감하게 자신을 구해 주신 훌륭한 어머니를 친구들에게 자랑했습니다. 아들은 일그러진 어머니의 얼굴에서 자기를 극진히 사랑하는 어머니를 보게 된 것입니다.

우리는 예수 그리스도의 사건을 통해 하나님이 우리와 가장 가까이 계실 뿐 아니라 우리를 극진히 사랑하신다는 사실을 알게 되었습니다. 예수 그리스도는 우리가 하나님께 나아가는 길을 열어주신

구세주이십니다. 예수 그리스도를 나의 구주로 고백할 수 있는 것은 성령이 그리스도의 영이기 때문입니다. 성령은 예수 그리스도를 우리의 구주로 고백하게 할 뿐만 아니라, 예수 그리스도를 보내주신 하나님을 아버지로 고백하게 합니다. 이것이 바로 성령의 능력입니다.

성령의 바람이 부는 방향

성령이 이루시는 새 창조의 일은 인간의 내면 세계에서부터 시작되지만, 거기에만 국한되거나 머무는 것은 아닙니다. 성령의 운동은 인간 밖으로, 전 세계 안으로 들어가도록 자극하고 이것을 이루어가십니다. 이것은 새로운 마음만이 아니라, 새로운 공동체, 새로운 영의 지평을 의미합니다.

성령은 형체가 없는 무형체의 환영(幻影)이 아니고, 성육신을 목표로 하는 그의 몸을 창조하는 창조의 영이십니다. 사도 바울은 갈라디아 교회에 보내는 편지에서 성령이 창조하는 몸에 대해 이렇게 말했습니다.

"육체의 일은 현저하니 곧 음행과 더러운 것과 호색과 우상 숭배와 술수와 원수를 맺는 것과 분쟁과 시기와 분냄과 당 짓는 것과 분리함과 이단과 투기와 술 취함과 방탕함과 또 그와 같은 것들이라"(갈 5:19-21).

그리고 이어서 "성령의 열매는 사랑과 희락과 화평과 오래 참음과 자비와 양선과 충성과 온유와 절제"(5:22, 23)라고 했습니다.

여기 두 가지 대조적인 몸이 있습니다. 곧 육적인 몸과 영적인 몸입니다. 육적인 몸은 음행, 호색, 우상 숭배로 나타납니다. 여기서 음행, 호색과 같은 것은 관념이 아니고 구체적으로 나타나는 몸의 행위입니다.

그것과 대조되는 영의 몸은 사랑, 희락, 화평의 열매입니다. 씨앗이 죽어 싹이 나고, 그 싹이 줄기가 되고, 그 줄기에서 잎이 생겨 꽃이 피고, 그 다음 열매가 됩니다. 열매는 씨앗의 구체적인 형체입니다. 성령의 열매인 사랑, 희락, 화평은 성령으로 이루어지는 구체적인 몸입니다. 성령으로 이루어지는 몸은 그리스도의 몸인 교회를 의미합니다. 개개인이 지체라고 하면 그 지체가 모인 공동체가 곧 그리스도의 몸인 교회입니다. 이 교회는 성령이 계시는 장소입니다.

사도행전 2장 본문에서 우리는 성령강림으로 이루어지는 그리스도의 몸의 탄생을 보게 됩니다. 그 몸은 이 세상의 몸과는 달리 사랑, 희락, 화평의 몸입니다. 성령강림과 함께 그리스도의 몸이 세상으로 다시 들어왔습니다. 우리에게는 때때로 주님의 몸인 교회가 그리스도의 몸으로 나타나지 않는 데서 오는 좌절과 실망, 갈등이 있습니다. 그러나 우리가 분명히 알아야 할 것은 성령은 교회의 포로가 아니라는 점입니다. 성령은 교회의 부정적인 면과 함께 소멸되지 않습니다. 성령은 그가 지향하는 목표를 향해 나아갑니다.

성령을 바람에 비유하면, 성령은 인간의 이기심, 종족주의, 지역적 편파성에 따라 불지 않고 그런 장벽들을 허물고 새로운 관계로 이루어지는 새 백성, 새 사회를 이루어 가는 방향으로 붑니다. 따라서 우리는 인간의 편파성과 이기심에서 벗어나지 못하고 몸부림치는 교회의 모습에 묶여 있지 말고, 성령의 바람이 부는 방향에 우리의 시선을 집중시키고 그 방향을 따라가야 합니다. 거기에 생명이 있고, 희망이 있고, 자유가 있습니다. 그것이 이 세상에 있는 그리스도의 몸인 교회의 선교입니다.

성령이 지향하는 목표

한편, 성령은 이 세상에서 마땅히 빌 바가 무엇인지 알지 못하는 우리를 위해 하나님의 뜻대로 간구하십니다. 사도 바울은 이렇게 말합니다.

"성령도 우리 연약함을 도우시나니 우리가 마땅히 빌 바를 알지 못하나 오직 성령이 말할 수 없는 탄식으로 우리를 위하여 친히 간구하시느니라"(롬 8:26).

우리의 희망과 기쁨은 바로 여기 있습니다. 성령이 말할 수 없는 탄식으로 우리를 위해 기도하지 않는다면, 우리는 이 세상에서 아무 것도 할 수 없습니다. 그런데 주님의 몸인 교회 가운데 계시는 성령의 그 간구 때문에, 우리는 살아 있는 주님의 몸으로서 하나님과 살아 있는 교제 가운데 이 세상에서 선교적 사명을 수행해 가게 됩니다. 그것은 성령의 본질적인 특성 때문입니다. 성령은 하나님과 수직적인 관계를 맺어 가면서 이 세상의 피조물과 수평적 관계를 이루어 가는 본질적인 특성이 있습니다.

성령은 기독교인의 전유물이 될 수 없습니다. 그러므로 우리는 성령의 선물을 항상 두렵고 떨림으로 바르게 사용하도록 성령의 인도를 받아야 합니다. 성령의 창조적 사역은 교회에만 국한되는 것이 아닙니다. 성령의 사역은 언제나 피조물이 압박받고 고통당하는 삶의 현장, 역사의 현장에서 시작되곤 한다는 사실을 우리는 잊어서는 안 됩니다. 그러한 사실이 성령이 말할 수 없는 탄식으로 간구한다는 의미이기도 합니다. 성령이 계시는 곳에는 기쁨, 평화, 희망이 있는 동시에 탄식과 고통, 세상을 위한 눈물의 중보기도가 있습니다.

그러므로 성령의 개인화, 교리화, 제도화는 지양되어야 합니다. 왜냐하면 성령이 목표로 하는 것은 개인화, 교리화, 제도화에 있지 않습니다. 성령이 지향하는 목표는 하나님의 나라입니다. 그 하나님의 나라는 우리가 살고 있는 세계사와 무관하지 않습니다. 이 세계사의 목적 자체도 하나님의 나라입니다.

로흐만 교수는 이렇게 말합니다.

"성서의 비밀은 우리에게 새로운 세계의 상태를 지시한다. 그것은 첫째, 율법 아래 있는 상태이고, 둘째는 은혜 안에 있는 상태이며, 셋째는 곧 다가오는 더 풍성한 은혜 아래 있는 상태이다. 여기서 첫째는 노예적인 상태이고, 둘째는 봉사하는 삶이며, 셋째는 자유 안에 있는 상태이다. 그것은 각각 두려워하는 노예의 상태를, 신앙 안에 있는 상태를, 사랑 안에 있는 상태를 말한다. 또한 종들의 상태를, 자유의 상태를, 친구의 상태를 뜻한다."

사랑하는 여러분, '우리는 성령을 믿습니다' 라고 고백합니다. 그것은 우리 가운데 계시는 하나님의 영, 그리스도의 영이 이 세상에서 하나님의 새 창조의 사역을 이루어 가고 계심을 믿는다는 것을 뜻합니다. 그 새 창조로 나타난 것이 바로 거룩한 공교회입니다. 그리고 성령의 새 창조 가운데서 성도의 교제가 이루어집니다.

복습을 위한 질문

1. 지금까지 성령에 대해 잘못 알고 있었던 것은 무엇입니까? 이 장을 공부한 뒤 새롭게 알게 된 사실은 무엇입니까?

2. 성령은 하나님, 예수 그리스도를 현재적 사건이 되게 합니다. 그 외에 또 어떠한 역할을 수행하고 있습니까?

3. 성령께서 이루어 가시는 새 창조의 시작은 어디서부터 시작되고, 어디까지 확대되어 영향을 미칩니까?

12 거룩한 공교회

그러므로 주 안에서 갇힌 내가 너희를 권하노니

너희가 부르심을 입은 부름에 합당하게 행하여

모든 겸손과 온유로 하고 오래 참음으로 사랑 가운데서

서로 용납하고 평안의 매는 줄로

성령의 하나 되게 하신 것을 힘써 지키라

몸이 하나이요 성령이 하나이니

이와 같이 너희가 부르심의 한 소망 안에서 부르심을 입었느니라

주도 하나이요 믿음도 하나이요 세례도 하나이요 하나님도 하나이시니

곧 만유의 아버지시라 만유 위에 계시고 만유를 통일하시고

만유 가운데 계시도다

에베소서 4장 1-6절

사람들은 누구나 자신이 몸담고 살아갈 참된 공동체에 대한 목마름이 있습니다. 특별히 그리스도인인 경우 이상적인 교회에 대한 목마름이 있습니다. 그래서 이상적인 교회 공동체를 찾기 위해 방황하기도 합니다. 그러나 우리가 이 세상에서 이상적인 공동체나 교회를 찾기란 그리 쉬운 일이 아닙니다. 아마 평생 그러한 공동체를 만나지 못할지도 모릅니다.

진정한 공동체에 목말라 있는 현대인들

오랜 기간 스위스 보세이 인스티튜트에서 성서연구원으로 일했던 수잔 데 디트리히(Suzanne De Dietrich) 여사는 《증거하는 공동체》라는 책에서 다음과 같이 말합니다.

"현대인은 웅성거리며 복잡한 세계에서 살고 있지만 이보다 더 고독한 삶도 일찍이 없었다. 가족이나 사회 공동체 모두가 구심력을 잃고 원심력에 의해 각자 뿔뿔이 흩어져 정신생활이 날로 공허해져 가고 있다. 오늘날 어디서든 사람들은 공동체에 굶주리고 목말라 있다. 그러나 공동체가 무엇을 뜻하는지는 분명하지 않다. 오늘날 교회의 사명 가운데 하나는 바로 이 진정한 공동체가 어떤 것인지를 사회에 보여 주는 일이라 하겠다. 지금도 우리는 하나님의 사람으로서 소명과 책임을 끊임없이 요청받고 있다. 교회는 이 세상에서 선발된 공동체요 증거의 공동체로서 이 세상으로 다시 파송된 하나님의 사람들인 것이다."

사도신경의 교회에 대한 명제는 바로 공동체와 관련된 것입니다. 여기서 말하는 것은 우리가 찾고 있는 그런 이상적인 공동체가 바로 이 세상에 있는 교회이니 교회를 믿으라는 게 아닙니다. 사도신경에서 말하는 것은 참된 공동체가 지향해야 할 방향입니다.

사도신경에서 제시하는 참된 교회 공동체는 '거룩한 공교회', '거룩한 보편적 교회'입니다. 여기서 '거룩'과 '보편적'이란 단어는 교회의 본질을 규정하는 말입니다. 우리가 교회에 대한 고백을 할 때 현재의 세속화되고 분열이 극심한 교회를 바라보며 충성을 다짐하는 것이 아닙니다. 우리의 고백은 하나님의 구원사에서 성령의 능력 가운데 있는 거룩하고 보편적인 교회를 희망하는 가운데서 하는 고백입니다.

그렇기 때문에 사도신경에서 교회에 대한 고백을 할 때마다, 하나님의 부르심 가운데 있는 교회로 나아가고자 하는 새로운 다짐이 있게 됩니다. 이 고백은 우리가 '차지도 않고 뜨겁지도 않은' 사교 모임과 같은 수준에 안주하려는 유혹을 뿌리치고, 하나님의 부르심에 적극적으로 응하려는 결의를 새롭게 하게 합니다.

교회의 본질 : '거룩성'과 '보편성'

교회의 본질은 거룩성과 보편성에 있습니다. 교회가 이것을 망각할 때 교회의 생명은 끝나게 됩니다. 거룩이라 할 때, 그 의미를 교인들의 삶의 질로 파악할 수 있습니다. 특별히 우리의 문화적 전통에서는 '거룩'이 점잖음, 윤리적 완전성으로 이해될 소지가 있습니다. 그러나 사도신경에서 말하는 거룩함은 그런 의미가 아닙니다. 사도신경에서 말하는 거룩한 교회는, 세상으로부터 부름받았으며 지금도 부름받고 있는 하나님께 속한 무리들이라는 의미입니다.

그런 무리들에게 하나님께서 요구하시는 존재적 과제가 있습니다. 그것은 어떻게 사는 것이 세상으로 부르신 분의 부름에 합당하게 사는가 하는 것입니다.

이 과제를 얼마나 신실하게, 또 바르게 파악해서 자기 자신을 표현하느냐에 따라 거룩한 교회가 될 수도 있고, 그렇지 않을 수도 있습니다. 이 과제를 수행하기 위해서는 하나님께 부름받은 자들이 그들의 삶을 거룩하게 하기 위한 운동이 끊임없이 일어나야 합니다. 그 운동은 성령의 능력으로 이루어집니다.

또 이 거룩한 교회 공동체가 지향해야 할 방향은 '보편성'입니다. 보편성은 종족, 계급, 지역을 초월해서 전 세계적으로 나아가는 것이며, 인간의 모든 이기적인 분리주의를 타파하고 일치를 추구해 나가는 것입니다. 그런 존재방식이 곧 교회의 보편성입니다.

16세기 종교개혁 이후 가톨릭 교회를 '기독교 교회'(Christian Church)로 바꾸지 않고 계속 그대로 사용하는 것은 교회의 본질인 보편성 때문입니다. 가톨릭(Catholic)이란 말 자체가 '보편적'이라는 뜻입니다. 사도들의 사명 자체가 보편성을 지닙니다. 사도를 세상에 보내신 분이 예수 그리스도시며, 예수 그리스도를 죽은 자 가운데서 다시 살리신 분이 하나님이십니다. 교회의 사도적 특성은 시대가 변한다 해도 그 본질을 손상시키지 않고 계승되어야 합니다.

기독교 전 역사 속에서 교회가 지금까지 몸부림치며 고민해 온 문제는 보편성의 문제입니다. 그것은 자기 형체와 일치의 문제였습니다. 자기 시대에서 어떻게 자신의 존재 방식을 표현하며, 서로 다른 존재 방식 가운데서도 어떻게 하면 분열하지 않고 일치를 이룰 수 있는가에 대한 문제는 교회의 가장 큰 과제입니다.

교회의 거룩성과 보편성에 관련된 이야기가 있습니다.

남아공화국에 백인만 예배드릴 수 있는 교회가 있었습니다. 그런데 어느 주일날 한 흑인이 교회에 들어갔습니다. 그러나 흑인이란 이유로 거절당하고, 교회 뜰 한 구석에 앉아 있었습니다.

얼마 안 있어 어떤 사람이 교회 마당에서 서성대고 있었습니다. 흑인이 그 사람을 자세히 보니 예수님이었습니다.

"아니 예수님, 왜 예배에 참석하지 않고 밖에 서 계십니까?"라고 흑인이 물었습니다. 그러자 예수님이 대답했습니다.

"나도 백인이 아니어서 들어가지 못하고 있다."

이 이야기는 교회가 거룩성과 보편성을 포기할 때, 예수님도 그곳에 계시지 않는다는 사실을 암시하고 경고합니다. 사도신경의 '교회를 믿는다'는 고백을 진실되고 참되게 하는 것은, 교회가 자기 시대에서 인간의 이기심과 분열과 맞서 싸우고, 정의와 평화를 인류 전체의 목표로 지향해 갈 때입니다.

참된 교회 공동체를 위한 요소 '예배'

그러면 거룩하고 보편적인 교회가 되게 하는 본질적 요소는 무엇입니까? 그것은 예배입니다. 여기서 예배는 이 세상에서 우리 몸을 하나님이 기뻐하시는 거룩한 산 제물로 드리는 것입니다. 하나님이 기뻐하시는 거룩한 산 제물은 종의 삶으로 표현되는 디아코니아(diakonia), 즉 봉사입니다. 그것은 그리스도와 일치를 이루는 길입니다. 거룩한 교회가 되는 길은 그리스도와 일치를 이루는 것 외에 다른 길이 없습니다.

그러나 우리가 항상 기억해야 할 것은 우리의 '산 제사'는 영적인 예배 가운데서 드려져야 한다는 사실입니다. 그러기 위해서는 회개와 묵상을 통한 의식과 가치 및 행동의 철저한 변화와 영감이 수반되어야 합니다. 왜냐하면 봉사의 삶에는 영적 고갈과 자신의 의를 드러내고자 하는 육적인 욕망이 뒤따르기 때문입니다.

프랑스에는 장 바니에라는 사람이 설립한, '라르슈'라는 정신 장애인을 위한 공동체 마을이 있습니다. 그곳은 장애인을 집단으로 수용하는 시설이 아니라 그리스도를 위해 헌신하고자 하는 이들과 장애인들이 몇 명씩 가정을 이루어 살아가는 공동체 마을입니다. 헌신자들은 장애인들과 더불어 살면서 그리스도를 섬기고 따르는 삶을 배우고, 장애인들은 헌신자들을 통해 자신을 사랑하시는 하나님을 알아 갑니다. 그곳에는 신분의 차별이나 종족의 차별이 없습니다.

그 공동체 한가운데에는 조그마한 채플이 있습니다. 헌신자들과 장애인들은 그곳에 무시로 들어가서 조용히 말씀을 묵상하며 영적 재충전을 합니다. 그들이 그렇게 하는 것은 헌신의 삶에 파고드는 무의미성과 영적 고갈, 인간적인 욕망을 극복하기 위해서입니다. 저는 그런 모형의 공동체를 보면서 거룩하고도 보편적인 교회 공동체 상(像)을 떠올릴 수 있었습니다.

로흐만 교수는 이렇게 말합니다.

"사도신경에서 의미하는 교회의 목적은 자기 자신에 만족하고 자신에게만 관심을 집중하는 데 있는 것이 아니라, 예배의 프락시스(praxis)에 있다. 예배는 세상에 대한 하나님의 봉사, 하나님과 세계를 위한 기독교의 봉사다. 이 두 의미에서 교회는 결코 교회 자체가 목적이 될 수 없고, 예배의 두 가지 의미를 다 실행하는 그리스도의 몸이 되어야 한다. 교회는 처음부터 외향적인 공동체다. 그렇지 않으면 참된 교회일 수 없다."

신학자 칼 바르트는 이렇게 말했습니다.

"교회의 예배는 지상에서 일어날 수 있는 가장 중요한 것, 가장 절실한 것, 가장 영광스러운 것이다. 이 예배의 가장 중요한 내용은 인간의 업적이 아닌 성령의 일이고 신앙의 행위다."

거룩하고 보편적인 교회가 지향해 가는 목표는 하나님 나라입니다. 예수께서 이 세상에 계실 때 선포하신 것 역시 '오고 있는 하나님 나라'였습니다. 하나님 나라는 교회보다 위에 있습니다. 교회 그 자체가 하나님 나라는 아닙니다. 교회가 잘못을 범할 수 있는 것은 자신을 하나님 나라와 동일시할 때입니다. 하나님 나라는 그리스도인들의 나라가 아닙니다. 그리스도인들은 하나님 나라의 전망 가운데 살고 있습니다. 그들은 거기서 행동하고 고난을 받습니다.

하나님 나라는 교회의 미래이며, 교회의 미래는 세상의 미래이기 때문에 교회는 세상과 분리될 수 없습니다. 교회는 오고 있는 하나님 나라 안에서의 새로운 인류의 시작입니다. 그들은 하나님의 미래 안에서 운명이 규정지어진 무리들입니다. 교회는 하나님 나라를 기다리는 이들이 모인 공동체로서 시간과 공간이 제한된 가운데 있습니다.

이러한 미래를 향해 나아가는 교회는 세상에 있는 동안 어떤 제도나 규칙도 절대화해서는 안 됩니다. 이 세상에서 교회는 언제나 오고 있는 하나님 나라의 빛 가운데 자신을 비춰 봐야 합니다. 그럴 때에야 교회는 모든 세상적이며 인간적인 얽매임과 굴레를 벗어 버리고 자유의 영역으로 나아가게 됩니다.

하나님 나라의 지평에 서 있는 교회는 그 어느 때에도 '이만하면 되었다'고 자족할 수 없습니다. 언제나 최선을 다하고도 '무익한 종'이라 고백할 수밖에 없습니다.

현대 교회의 실상에 관한 비유, 인명 구조대

파선 사고가 자주 일어나는 어느 해안에 볼품없고 작은 인명 구조대가 있었습니다. 건물이라곤 오두막 한 채와 작은 보트가 전부였습니다. 그러나 헌신적인 몇몇 회원들은 자기 몸을 돌보지 않고 밤낮으로 바다를 지키며 실종된 사람들을 찾아다녔습니다. 많은 생명들이 이 작고 훌륭한 구조대에 의해 구조되었고, 그로 인해 이 구조대는 유명해졌습니다.

구조된 사람들 중 몇 사람과 인근 지역 사람들은 구조대의 사업을 뒷받침하기 위해 자신들의 시간과 돈을 제공했습니다. 그래서 새로운 보트들을 더 구입하고 새로운 승무원들을 훈련시켰습니다. 그리하여 작은 구조대가 점점 더 커지게 되었습니다.

인명 구조대에 가입한 새 회원들 중 어떤 사람들은 건물이 너무 볼품없고 시설이 빈약하다고 불만을 토로하였습니다. 그들은 바다에서 구조된 사람들의 피난처가 되기 위해서는 좀더 편안한 장소가 마련돼야 한다고 생각했습니다. 그래서 그들은 비상용 간이 침대를 훌륭한 침대로 바꾸고 확장된 건물 안에서 좀더 훌륭한 가구들을 갖다 놓았습니다.

오래지 않아 그 구조대는 회원들을 위한 대중적인 회합 장소가 되어 버렸습니다. 그들은 그곳을 일종의 클럽처럼 사용하면서 건물을 아름답게 치장하고 멋있게 꾸몄습니다. 회원들은 인명 구조를 위해 바다에 나가는 일에 점점 관심을 잃게 되었고, 결국 인명 구조원들을 새로 채용하였습니다. 그러나 인명 구조라는 주제는 여전히 클럽

장식들 가운데서 돋보였으며, 클럽 가입식이 거행되는 방에는 예식을 위한 구조선이 있었습니다.

그러나 다음 회합 때, 클럽 회원들 가운데서 불화가 생겼습니다. 대부분의 회원들은 클럽의 인명 구조 활동이 별로 즐거운 일이 아닌데다 클럽의 정상적인 활동에 방해가 된다며 구조 활동을 그만두기를 원했습니다. 그리고 일부 회원들은 인명 구조야말로 그들의 가장 중요한 목적이라고 하면서 계속 인명 구조대라 불러야 한다고 주장하였습니다.

그러나 투표 결과 일부 회원들은 패배했으며, 만일 그들이 조난당한 사람들을 구조하기 원한다면 아래편 해안에서 그들 나름의 인명 구조대를 새로 세워야 할 것이라고 통보받았습니다. 결국 그들은 새로운 인명 구조대를 만들었습니다.

여러 해가 지나면서, 새로 생긴 이 인명 구조대는 옛날 구조대가 겪었던 변화를 똑같이 경험하게 되었습니다. 그 구조대 역시 일종의 클럽으로 발전했고, 그래서 또 다른 인명 구조대가 새로 생기게 되었습니다. 역사는 계속 반복되어 만약 우리가 그 해안을 방문하게 되면 서로 배타적인 수많은 클럽이 있는 것을 발견하게 될 것입니다. 그 바다에서는 여전히 파선 사고가 자주 일어나고 있지만 대부분의 사람들이 그대로 죽어가고 있습니다.

이 이야기는 시어도어 위델(Theodore Wedel)이 현대 교회의 실상을 비유로 설명한 것입니다. 이 비유의 요점은 봉사가 없는 교회의 모순을 말하려는 것입니다. 교회는 봉사를 위해 부름받았습니다. 그것이 교회의 거룩이며, 축복의 근원이 되는 것입니다.

교회는 성령의 출발점이지 성령의 종착지점이 아닙니다. 우리는 '교회를 믿는다' 고 계속 말하지 않고서는 성령에 관해 말할 수 없습니다. 반대로 우리가 교회를 성령의 전적인 역사로 정립하지 않고서는 교회에 대해 말할 수 없습니다.

우리는 교회를 믿습니다. 그러나 우리가 믿는 교회는 거룩하고 보편적인 교회입니다. 그 교회를 움직이는 힘의 원동력은 성령의 능력입니다. 우리는 성령의 능력 가운데 있는 교회를 믿습니다. 세상에서 성령의 능력 가운데 있는 교회는 하나님과 세상을 위해 봉사하는 교회입니다. 우리는 교회에 희망을 갖습니다. 우리의 희망은 교회의 크기나 재정의 풍부함에 있지 않습니다. 우리의 희망은 거룩하고 보편적인 교회에 대한 희망입니다.

사도 바울은 에베소서 4장에서 교회가 세상에서 거룩성과 보편성을 지켜갈 것에 대해 이렇게 말씀합니다.

"그러므로 주 안에서 갇힌 내가 너희를 권하노니 너희가 부르심을 받은 일에 합당하게 행하여, 모든 겸손과 온유로 하고 오래 참음으로 사랑 가운데서 서로 용납하고, 평안의 매는 줄로 성령의 하나 되게 하신 것을 힘써 지키라. 몸이 하나요, 성령도 한 분이시니 이와 같이 너희가 부르심의 한 소망 안에서 부르심을 받았느니라. 주도 한 분이시요 믿음도 하나요 세례도 하나요, 하나님도 한 분이시니 곧 만유의 아버지시라 만유 위에 계시고 만유를 통일하시고 만유 가운데 계시도다." 아멘.

복습을 위한 질문

1. 자신이 생각해 온 이상적이고 참된 교회의 모습은 어떤 것인지 정리(정의)해 보고, 함께 나누어 봅시다.

2. 사도신경에서 '거룩한 공교회'는, 교회가 참된 공동체로서 지향해야 할 방향을 말해 줍니다. 이 말에 담긴 교회의 본질은 각각 무엇입니까?

3. 거룩하고 보편적인 교회가 되게 하는 본질적인 요소는 무엇입니까?

4. 교회는 그 자체가 하나님 나라가 아니라, 오고 있는 하나님 나라의 시작입니다. 그런 점에서 이 땅 위에 있는 모든 하나님의 교회가 말씀 위에 바로 서서 하나님 나라를 열어 갈 수 있도록 중보기도하는 시간을 가지십시오.

13 성도의 사귐을 믿습니다

저희가 사도의 가르침을 받아 서로 교제하며 떡을 떼며 기도하기를

오로지 힘쓰니라 사람마다 두려워하는데 사도들로 인하여 기사와 표적이

많이 나타나니 믿는 사람이 다 함께 있어 모든 물건을 서로 통용하고

또 재산과 소유를 팔아 각 사람의 필요를 따라 나눠 주고

날마다 마음을 같이하여 성전에 모이기를 힘쓰고

집에서 떡을 떼며 기쁨과 순전한 마음으로 음식을 먹고

하나님을 찬미하며 또 온 백성에게 칭송을 받으니

주께서 구원받는 사람을 날마다 더하게 하시니라

사도행전 2장 42-47절

이 장에서는 '성도의 사귐'에 대해 공부하겠습니다. 사도신경에서 언급된 성도의 사귐은 교회와 연결되어 있습니다. 교회에는 소중한 보화 세 가지가 있습니다. 그것은 말씀 선포, 교제, 봉사입니다. 성도의 사귐은 교제에 속합니다. 이 세 가지는 각각 독립적이면서 서로 분리될 수 없는 것들입니다. 교회가 세상 공동체와 다른 점은 이 세 가지가 있다는 것입니다. 성도의 교제는 단순히 믿는 사람들끼리 모여 인간적인 교제를 갖는 것이 아닙니다. 이 교제는, 우리 모두에게 주어진 거룩함과 그리스도의 은총 그리고 성령의 은사에 참여하는 길입니다.

이 세상에 있는 공동체들은 인간이 고안해 낸 어떤 사회적 이념, 경제적 이해 관계, 정치적 이념, 학연, 지연으로 서로 얽혀 있습니다. 그렇게 때문에 오히려 더욱더 분열, 갈등, 계층 간의 적대감을 만들어 냅니다. 이 세상 공동체는 기반이 매우 취약합니다. 그러나 교회는 그러한 사회적·인간적 관계를 넘어섭니다. 성도의 사귐은 '수직적'인 것에 뿌리를 내리고 있기 때문에 어떤 방해 요인도 극복해 갈 수 있습니다.

초대 교회와 성도의 교제

우리는 초대 교회 공동체에서 교제의 모범을 보게 됩니다. 사도행전 2장 42절에서 47절을 보면, 초대 교회 공동체의 몇 가지 특성을 찾아볼 수 있습니다.

첫째, 사도들로 말미암아 기사와 표적들이 많이 나타났습니다.

둘째, 믿는 사람들이 모든 물건을 서로 통용(通用)했습니다.

셋째, 재산과 소유를 팔아 각 사람의 필요에 따라 나누었습니다.

넷째, 성전에 모여 떡을 떼며 기쁨과 순전한 마음으로 음식을 먹었습니다.

다섯째, 하나님을 찬미했습니다.

여섯째, 구원받은 사람이 날마다 더했습니다.

이상 열거한 내용들은 모두 성도의 교제 가운데서 이루어진 것입니다. 만약 교제가 없었다면 이러한 일들을 나타날 수 없습니다. 표적, 물건의 통용, 소유의 분배, 떡을 뗌, 하나님 찬양은 외적으로 드러난 교제의 표현들입니다. 교회의 거룩성과 보편성은 성도들의 교제에 있습니다.

수잔 데 디트리히 여사는 다음과 같은 질문을 던집니다.

"우리는 세상이 우리 성도 간의 교제를 보고 우리를 보내신 하나님을 믿을 만한 공동체를 이루었는가? 우리는 압제당하는 세상을 구할 만한, 산 위에 세운 성이 되어 있는가? 우리도 예수님처럼 세상속에서 고통을 분담하며 짐 지는 일을 하고 있는가? 다른 한편, 우리는 하나님의 바람대로 이 세상에서 성별되어 '이 세상 것이 아닌' 그런 사람들인가? 직장 생활, 정치 활동을 비롯하여 성공적인 삶 가운데서도 믿음으로 은혜 속에서 살아가는 구속받은 공동체인가? 우리 삶의 표준은 그리스도인가? 아니면 이 세상인가?"

그러면 성도의 교제란 도대체 무엇을 의미하는가 하는 물음을 제기하게 됩니다.

'성도'라는 말은 '거룩함'이란 뜻인데 이 말의 근본적인 의미는 '다르다'는 뜻입니다. 그리스도인은 다른 사람과 다릅니다. 그런데 그 다르다는 것은 관계를 맺고 살아가는 데서 나타나게 됩니다. 그리스도인이 관계를 맺고 살아가는 것이 곧 성도의 교제입니다. 그 교제는 세상 사람들의 교제와는 다릅니다. 성도의 교제는 시간과 죽음을 넘어서는 교제이며, 현실의 역사에서는 '연대적인 형제 관계'입니다.

폴 투르니에 박사는 《고독으로부터의 도피》에서 오늘 현대인의 삶을 대표하는 고독한 한 여성의 삶을 소개합니다.

스위스 제네바 국제 복지 기관에서 비서로 일하는 한 외국인 여성이 있습니다. 그녀는 하루 일과를 마치고 잠자리에 들기 전 라디오를 켜고 그날 하루 방송을 마감하는 아나운서의 "오늘 밤이 당신에

게 행복한 밤이 되기를 바랍니다"라는 마지막 인사말을 듣고 잠이
들곤 합니다.

그녀가 복지 기관에서 근무한 지 여러 달이 지났지만, 그녀의 상
사를 비롯해 사무실을 찾아오는 어느 누구 하나 따뜻한 인사말을 건
네 주는 사람이 없었습니다. 그녀는 매일 많은 사람을 대하지만 하
루 생활 중 인간적인 대화는 그날 라디오 방송 종료 시간에 듣는 아
나운서의 인사가 전부였습니다. 그녀는 사무실과 엘리베이터 그리
고 살고 있는 아파트에서 많은 말을 주고받는 사람들을 만나지만 자
기와는 아무 상관이 없었습니다. 여인의 고독은 더욱더 깊어만 갔습
니다.

투르니에 박사는 현대인의 이러한 정신적 고통의 원인을 다음과
같은 몇 가지 잘못된 정신으로 진단합니다.

첫째는 의회주의 정신, 둘째는 독립의 정신, 셋째는 소유의 정신,
넷째는 요구의 정신입니다.

성도의 교제는 이러한 병든 정신을 극복하고 성령의 능력 안에서
이루어지는 관계의 혁명입니다.

성도의 교제 대상

먼저, 사도신경에 나타나 있는 성도의 교제는 이 세상을 떠난 성
도들과의 교제입니다. 이 교제는 그들 혼과 영교하는 것을 의미하는
게 아닙니다. 히브리서 저자는 "우리에게 구름같이 둘러싼 허다한
증인들이 있으니"(히 12:1)라고 했습니다. 우리는 성도의 교제 가운

데서 이미 영원의 시간 가운데 들어가 있는 많은 증인들을 회상하게 됩니다. 그리고 그 증인들이 살아간 삶의 모범을 받아들이게 됩니다. 그들이 닦아 놓은 영성의 길은, 이 세상에서 하나님과 교제하며 살아가는 우리의 영성 생활에 좋은 등불이 되고 있습니다.

신구약 성서에 등장하는 아브라함, 이삭, 야곱, 모세, 예언자들, 사도들은 이미 오래 전에 살았던 성서의 인물들이지만, 오히려 살아 있는 사람보다 더 생생하게 우리 가운데 현존합니다. 그리고 기독교 역사에서 영원히 잊혀질 수 없는 성 어거스틴, 토마스 아 켐피스, 성 프란체스코, 마틴 루터, 장 칼뱅, 요한 웨슬리 같은 성인, 개혁자들은 언제나 우리 가운데 살아 있습니다.

다음으로, 종족, 문화, 혈연, 학연, 지연을 초월해서 현재 살아 있는 성도들과 갖는 교제입니다. 유대 사람들이 즐겨 사용하는 비유 중에는 머리 둘 가진 어린아이 이야기가 있습니다.

어떤 어머니가 아이를 낳았는데 몸은 하나이고 머리가 둘입니다. 사람들 사이에서는 이 아이를 한 아이로 보아야 하는지, 아니면 둘로 보아야 하는지에 대한 논쟁이 벌어졌습니다. 그때 한 지혜로운 랍비가 답을 제시했습니다.

"뜨거운 물을 한쪽 아이 머리에 부었을 때, 다른 아이도 동시에 울면 하나고, 울지 않으면 둘로 보아야 한다."

이 이야기는 전 세계에 흩어져 있는 유대인들은 어디 있든지 하나임을 말하고자 지어 낸 이야기입니다. 비록 흩어져 있지만 유대인이 고통 당하면 다른 곳에 있는 유대인들 역시 그 아픔을 같이한다는 뜻입니다.

성도의 교제는 개 교회의 범주를 넘어 세계의 모든 그리스도인과 한 하나님 아버지를 섬기는 형제 자매들로서의 교제입니다. 비록 시간과 공간의 제약 때문에 서로 흩어져 있지만 어디 있든지 우리는 주 안에서 한 형제 자매입니다. 우리는 서로서로 위로하고 격려하며, 서로를 위해 중보하는 기도로 영적 고통을 갖습니다.

그리고 성도의 교제는 교회라는 울타리를 넘어 소외되고 고통받는 가난한 자, 병든 자들과 연대해 가는 교제입니다.

예수께서 마지막 때와 관련해서 말씀하신 비유 가운데 의인과 악인을 구별해서 그들이 한 행위에 대해 책임을 묻는 내용이 마태복음 25장 하반부에 있습니다.

그때 의인들에게 예수께서 자신이 주릴 때 너희가 먹을 것을 주었고, 목마를 때 마실 것을 주었고, 나그네 되었을 때 영접했고, 헐 벗었을 때 옷을 입혔고, 병들었을 때 돌보았고, 옥에 갇혔을 때 와서 돌아보았다고 했습니다. 그때 의인들이 언제 우리가 그렇게 하였냐고 묻자, 예수님은 "너희가 여기 내 형제 중에 지극히 작은 자 하나에게 한 것이 곧 내게 한 것이라"고 하셨습니다. 성도들의 교제에는 가난한 사람들과 연대해서 살아가는 것도 포함됩니다.

초대 교회에 있었던 라우렌티우스의 전설을 소개하겠습니다.

라우렌티우스(Laurentius)는 초대 교회 집사로, 로마에서 빈민 구호에 헌신적인 사람이었습니다. 258년 기독교 박해 때 그는 교회의 하늘 보화를 관리한다는 혐의를 받고 체포되었습니다. 황제는 그 보화들을 내놓으라고 명령했습니다. 그러자 라우렌티우스는 돌아가서 그가 돌보아 준 사람들 중에 병인들, 불구자들, 마비된 자들, 절룩거리는 사람들, 간질병 환자들, 나병인들을 불러모았습니다. 라우렌티우스는 그들과 함께 황제 앞에 나아갔습니다.

"황제께서 탐내는 황금은 수많은 범행의 원인이 되며, 거기서 나는 빛은 사람들을 속입니다. 진짜 보화는 세상의 빛이신 예수 그리스도이십니다. 황제의 눈에는 비참한 무리로 여겨질 이들이 빛의 자녀들이며, 교회의 보화요, 금, 진주, 보석입니다."

황제는 결국 라우렌티우스를 쇠격자에 묶어 숯불로 천천히 구워 죽였습니다. 그러나 하나님은 그에게서 고통을 거두셨습니다.

이 이야기는 성도의 교제가 어떠해야 하는지 그 방향을 지시합니다. 그리고 성도들의 공동 생활이 어떤 현실적 관계를 가져야 하는지를 시사합니다. 이 이야기에는 기도교인의 연대적인 형제 관계가 무엇을 의미하는지 분명하게 표현되어 있습니다.

이에 대해 로흐만 교수는 다음과 같이 말합니다.

"초대 교회는 서로를 위해, 모두를 위해 살고 존재한다. 거기에는 모두를 위한, 즉 남자와 여자, 유대인과 이방인, 종과 자유인, 부자와 가난한 자의 자리가 있다. 이 형제적인 공동체는 자기 자신에게 관심을 집중한 곳이 아니라, 구체적인 상황과 관계가 있는 가난한 자들, 실패한 자들, 버림받은 자들, 차별 대우를 받은 자들에게 구속력을 지닌 곳이다. 이 공동체에서 이들은 교회의 보화들이다."

이러한 성도의 교제는 그리스도 안에서 이루어집니다. 그리스도 안에서 이루어지는 교제에는 하나님과의 교제가 포함됩니다. 그리스도인은 전능하사 천지를 만드신 하나님 아버지와의 교제 가운데 살게 됩니다. 이 교제는 현실 세계에서뿐 아니라 영원히 계속되는 교제입니다.

시편 기자는 자신이 하나님을 믿는 이유 중 한 가지로 하나님께서 자신을 죽음의 골짜기를 넘어서 영원으로 인도하신 것을 말하고 있습니다. 그는 이렇게 진술합니다.

"내가 사망의 음침한 골짜기로 다닐지라도 해를 두려워하지 않을 것은 주께서 나와 함께하심이라"(시 3:4).

사도 바울은 세상에 있는 어떤 것들도 하나님의 사랑에서 끊을 수 없다(롬 8:39)고 했습니다. 하나님을 믿는다는 의미는 하나님과 교제 가운데 있다는 뜻입니다. 하나님과 교제 가운데 있다는 것은 이미 영원 가운데 있다는 의미입니다. 영원한 생명을 소유한 것입니다.

성도의 교제와 성만찬

교회 생활에서 성도 간의 사귐이 가장 강하게 나타나는 장소가 성만찬입니다. 이 성만찬에는 성도의 사귐의 신비가 함축되어 있습니다.

첫째, 이 성만찬은 거룩함에의 참여입니다. 즉 그리스도의 운명, 성령의 사건에 참여하는 것입니다. 우리는 성만찬에서 예수 그리스도의 죽음과 부활 사건을 현재의 사건으로 새롭게 경험하게 됩니다.

둘째, 이 성만찬에서 우리는 구름과 같이 허다한 증인들도 함께 참여하는, 오고 있는 하나님 나라의 축제를 바라보게 됩니다.

셋째, 우리는 성만찬을 통해 그리스도 안에서 이 시대를 살아가는 형제 자매들과 사귐을 갖게 됩니다. 그리고 우리 역사에서 사랑의 책임을 확인하게 됩니다.

사랑하는 여러분, 우리는 오늘날 교회에서 믿음의 신비인 성도의 교제가 온전하게 이루어지지 못하고 있음을 인정할 수밖에 없습니다. 그러나 그럼에도 이 성도의 교제에서 새로운 희망의 삶을 내다보게 되며, 오늘날 우리 삶의 문제에 대한 해답을 얻게 됩니다. 그리고 우리에게 약속으로 주어진 온전한 교제의 삶을 희망 가운데서 기다리게 됩니다.

수잔 데 디트리히 여사의 글을 다시 소개합니다.

"우리는 인간 관계가 단절된 세계에서 살고 있다. 이것은 우리 일상 생활에서 엄연한 사실이다. 권력을 갖기 위한 몸부림과 자기 주장의 요구는 가정과 직장, 정치, 경제 사회에서 비밀리에 혹은 공개적으로 갈등을 일으키고 있다. 현대 사회는 고통과, 싸움 그리고 패망과 죽음의 신호 아래 있다. 이 모든 것은 왜 일어나는 것일까? 우리는 창세기의 처음 몇 장에서 그 해답의 일부를 찾을 수 있다. '해답의 일부'라고 하는 이유는 충분하고도 승리를 전할 해답은 신약 성서에 주어져 있기 때문이다."

신약성서에 주어진 해답의 일부가 '성도의 교제'입니다. 우리는 성도의 교제를 믿는다고 고백합니다. 우리의 그러한 고백에는, 성도의 교제에 생의 문제에 대한 해답이 있다는 의미를 포함하고 있습니다.

오늘날 인간 소외 현상은 여러 가지 사회 문제를 일으키고 있습니다. 컴퓨터의 발달은 획기적인 생활 혁명을 가져다 주었지만 반면에 우리를 더욱더 소외의 늪으로 빠져들게 합니다. 특히 오늘날 우리 시대에 날로 증가하는 가정 붕괴, 가정의 역기능 현상은 인간 생활에 가장 필요한 사귐의 능력을 상실해 가게 합니다. 이러한 현실에서 '성도의 교제를 믿는다'는 고백은 매우 중요한 의미를 갖습니다.

복습을 위한 질문

1. 사도행전 2장에 나타나는 초대 교회 공동체의 기반은 어디 있었으며, 그 모습은 어떠했습니까?

2. 성도의 교제는 성령의 능력 안에서 이루어지는 관계의 혁명입니다. 사도신경에 나타나는 성도의 교제 대상은 어디까지 확장해서 생각할 수 있습니까?

3. 성만찬은 성도 간의 교제가 주는 신비가 함축되어 있습니다. 인

간 관계가 단절된 세계에서 살아가는 우리에게 성만찬이 주는 의미는 무엇입니까?

4. 당신은 요즘 성도의 교제를 누리고 있습니까? 만약 그렇지 않다면 그 장애물은 무엇이며 어떻게 해결할 수 있다고 생각합니까?

14 죄를 사함받는 것

그리스도의 사랑이 우리를 강권하시는도다

우리가 생각건대 한 사람이 모든 사람을 대신하여 죽었은즉

모든 사람이 죽은 것이라 저가 모든 사람을 대신하여 죽으심은

산 자들로 하여금 다시는 저희 자신을 위하여 살지 않고 오직 저희를

대신하여 죽었다가 다시 사신 자를 위하여 살게 하려 함이니라

그러므로 우리가 이제부터는 아무 사람도 육체대로 알지 아니하노라

비록 우리가 그리스도도 육체대로 알았으나 이제부터는 이같이 알지

아니하노라 그런즉 누구든지 그리스도 안에 있으면 새로운 피조물이라

이전 것은 지나갔으니 보라 새것이 되었도다

모든 것이 하나님께로 났나니 저가 그리스도로 말미암아

우리를 자기와 화목하게 하시고 또 우리에게 화목하게 하는 직책을

주셨으니 이는 하나님께서 그리스도 안에 계시사 세상을 자기와

화목하게 하시며 저희의 죄를 저희에게 돌리지 아니하시고 화목하게

하는 말씀을 우리에게 부탁하셨느니라

고린도후서 5장 14-19절

이 장에서는 사도신경에 나타나는 '죄 사함'의 명제에 대해 함께 나누려 합니다. 만일 예배에 참석한 여러분에게 "당신은 그리스도 인입니까?"라고 누군가가 묻는다면, 주저하지 않고 "그렇습니다"라 고 대답할 것입니다. 또 "그러면 당신이 그리스도인이 되었다는 구 체적인 표식이 무엇입니까?"라고 묻는다면, 술과 담배를 하지 않는 다든지, 주일예배에 반드시 출석하는 것을 그리스도인 됨의 표식으 로 내세울 수 있을 것입니다.

죄 사함, 새로운 삶으로의 전환

사도신경에서는 그리스도인이 되는 것과 죄 사함받는 것이 깊은 관련이 있습니다. 우리가 '죄 사함받는 것을 믿습니다'라고 고백할 때 거기에는 '자신이 그리스도인이 되었다'는 의미가 포함됩니다.

우리가 그리스도인이 되었다는 것과 죄 사함을 받았다는 것은 불가분의 관계입니다.

그러한 관점에서 "당신은 그리스도인입니까?"라는 질문을 받았을 때 "예, 나는 그리스도인입니다"라고 대답할 수 있습니다. 그때 그리스도인이 되었다는 것은 죄 사함을 받았다, 세례를 받았다는 의미가 됩니다. 초대 교회에서는 죄 사함받았다는 것과 세례를 받았다는 말이 거의 동의어처럼 사용되었습니다. 오늘날 교회에서도 세례는 그러한 측면에서 중요한 의미를 갖습니다. 세례를 받음으로 죄를 사함받는 것이 아니라, 죄를 사함받았다는 표식으로 세례를 받는 것입니다.

죄 사함받는 것은 구원받는다는 것과 같은 의미입니다. "당신은 죄 사함받았습니까?"라는 질문은 "당신은 구원받았습니까?"라는 의미입니다. 죄 사함이나 구원은 다 하나님의 선물인 동시에 과제입니다. 이것은 우리 자신의 힘, 양심, 경험, 인격, 업적에 의해서가 아닌, 우리를 의롭다 인정하시는 하나님의 선언으로 이루어집니다.

신학자 존 A. 맥케이는, "구원은 오히려 인생 행로에서 행동하도록 힘을 주는 벨트"라고 했습니다. 우리가 일을 하거나 길을 걸을 때, 우리 허리에 매는 벨트는 매우 중요한 역할을 합니다. 그것은 우리 몸 전체에 균형을 유지해 주는 역할을 합니다. 구원도 그와 같습니다. 구원을 받아야 인생 행로를 바르고 힘있게 걸어갈 수 있습니다. 구원은 인생 행로에서 바른 생의 목표를 향해 걸어가게 합니다.

우리 인간 편에서 볼 때 구원에는 어느 정도의 시간적 차이가 있습니다. 먼저 인간 편에서 도움을 구하는 일이 있게 됩니다. 도움을 구한다는 것은 인생 행로에서 자신에게 구원이 필요하다는 것을 인식하게 되었음을 의미합니다. 그리고 도움을 구하는 과정에서 십자가를 발견하게 되고, 이어 십자가에서 하나님께서 죄를 용서하시고 화해의 길을 마련하셨다는 선언을 듣게 됩니다. 하나님의 선언이 선언으로만 남아 있지 않고, 그 선언이 우리의 내적 실체를 변화 시키고, 우리에게 새로운 삶의 씨앗을 주며, 우리 안에 새로운 나를 세우며, 삶에 대한 우리의 태도와 우리 삶의 현실을 갱신시켜 가게 하는 경험적 사건이 됩니다. 그것이 곧 '거듭남'입니다. 그때 우리는 우리 자신이 구원받았다는 것과 그리스도인이 되었다는 것을 고백할 수 있습니다.

그러한 의미에서 사도신경의 '나는 죄 사함받는 것을 믿습니다'라는 고백은, '나는 그리스도인이 되었다는 것을 믿습니다'와 같은 뜻이 됩니다. 그리스도인이 된다는 것은, 구체적으로 새로운 삶으로의 전환입니다. 그 전환은 옛것에서 새것으로의 전환입니다. 여기서 옛것은 하나님 없이 살던 삶이며, 새것은 하나님과 함께하는 삶입니다.

이러한 죄 사함의 문제가 가장 잘 표현되어 있는 곳이 누가복음에 기록되어 있는 '집 나간 아들을 기다리는 아버지'의 비유입니다. 그 비유는 죄와 죄의 현실성, 그리고 새로운 삶이 어떤 것임을 잘 설명해 줍니다.

'집 나간 아들' 비유가 시사하는 것

아버지와 살던 둘째아들은 늘 다른 세계를 동경했습니다. 그는 아버지 없이 홀로 자신의 생을 실현해 가고 싶었습니다. 어느날 둘째아들은 집을 떠나기로 결단하고 자기 몫을 다 챙겨서 아버지 곁을 떠납니다. 처음에 둘째아들은 아버지 없이 사는 삶이 자유롭고, 더 의미 있게 여겨졌습니다. 그러나 그런 삶의 끝은 돼지 우리에서 돼지들과 지내는 비참한 삶이었습니다. 거기에는 그토록 갈망하던 자유나 자기 실현은커녕 절망과 속박뿐이었습니다.

이 비유가 우리에게 시사하는 중요한 몇 가지 사실이 있습니다.

먼저, 죄(罪)의 문제입니다.

이 비유에서 말하는 죄란, 첫째는 아버지를 떠나 아버지 없이 살아가는 삶을 의미합니다. 둘째아들은 아버지 없이 자신의 삶을 영위해 보려 했지만 실패했습니다. 자신의 욕망대로 어느 기간까지는 살수 있었지만, 결국 그러한 삶은 그에게 노예와도 같은 무거운 속박을 가져다 주었습니다.

우리 인간이 하나님을 떠나 자아를 실현하려는 노력은 결국 실패하고 맙니다. 우리의 병든 자아를 치유하지 않고는 진정한 자기 실현을 이룰 수 없습니다. 우리의 병든 자아가 치유받고 온전한 자아로 세움 받을 수 있는 길은 성령의 능력으로 가능합니다. 성령의 능력은 우리의 병들고 상처 입은 자아를 치유합니다.

둘째는 하나님 아버지께서 우리에게 약속하신 희망의 삶을 거부하고 받아들이지 않는 것입니다. 비유에서 둘째아들은 아버지가 자신에게 허락한 책임감 있게 사는 삶을 거부했습니다. 그 대신 자기 자신이 구상하고 생각한 생을 살고자 모험의 길을 떠났습니다. 그리고 그는 생의 여정에서 자기가 하고 싶은 일을 마음껏 했을 것입니다. 그러나 결국 그가 다다른 곳은 희망이 없는 절망의 장소였습니다. 그곳에는 죽음만이 그를 기다리고 있었습니다.

그 다음은, 사함(용서)의 문제입니다.

이 비유에서 용서는 아버지의 선물입니다. 둘째아들은 비참한 삶의 자리에서 비로소 정신을 차리고 자신의 모습을 보게 됩니다. 그리고 그 절망적인 자리의 삶을 청산하고 새로운 출발을 하려 하지만 자신에게는 새로운 출발을 할 수 있는 아무런 힘이 없다는 것을 발견합니다. 그때 그는 이미 자기를 용서하고 기다리시는 자비로운 아버지를 발견합니다. 그가 본 모습은 가부장적인 엄격한 아버지가 아닙니다. 그는 용기를 내어 아버지께 돌아갑니다.

그때 아버지는 그를 거절하지 않고 두 팔을 크게 벌려 그를 끌어안았습니다. 아버지를 배반하고 집을 나갔지만, 아버지는 둘째아들을 맞아들여 그가 이미 잃은 자리에 다시 앉힙니다. 아버지의 용서는 무조건적입니다. 아버지가 아들의 죄를 잊어버린 것이 아닙니다. 아버지는 아들의 지난날의 그릇된 모든 행적을 다 알고 있었음에도 그 아들을 받아들였습니다.

이 비유에서 말하고 있는 '사함', 즉 '용서'는 전적으로 하나님 아버지의 선물입니다. 그 선물은 아버지의 아픔, 고뇌, 사랑 가운데서 이루어진 것입니다. 아버지의 용서는 단지 지난날의 잘못된 행위에

대한 묵인이 아닙니다. 그것은 은혜의 선물입니다. 은혜의 선물은
죄를 능가하는 하나님의 사랑입니다.

새 출발 : 책임 전가와 죄 고백 사이에서

죄 용서는 과거의 극복만이 아니라 창조적인 새로운 삶으로의 출
발입니다. 그런 의미에서 둘째아들이 시작하는 삶의 새 출발은, 자
기 자신의 비참함이 다른 사람 때문이 아니라 바로 자기 자신 때문
이라는 것을 알고 그에 대한 책임을 지는 데서부터 시작됩니다.

둘째아들은 아버지께 다음과 같이 고백합니다.

"아들이 가로되 아버지여 내가 하늘과 아버지께 죄를 얻었사오니
지금부터는 아버지의 아들이라 일컬음을 감당치 못하겠나이다"(눅
15:21).

인간은 상처 입고 병든 자기 자신과 대면하기를 두려워합니다. 그
래서 가급적이면 그 책임을 부모, 가정, 사회에 전가시키려 합니다.
따라서 자아 발견은 언제나 우리에게 무거운 짐이 되고 있습니다.
신학자 판넨베르크(W. Pannenberg)는 "죄의 고백은 언제나 자신에
대한 고백이며, 그에 대한 책임을 지려는 준비의 표현이다. 죄의 고
백은 자유로운 행동의 표현이다. 왜냐하면 참된 자유는 책임적인 자
유이기 때문이다"라고 했습니다.

많은 사람들이 자신의 자아와 직면하는 것과, 직면한 자아를 받아
들이는 일을 평생 하지 못하고 살아갑니다. 이들은 생의 실패나 고
난, 이 모든 것을 다른 사람들 책임으로 돌립니다. 그렇게 때문에 이

들에게서 죄의 고백을 듣는 것은 거의 불가능합니다. 그러나 죄의 고백 없이 새로운 삶의 시작이란 없기에, 이들에게 '악순환으로부터의 탈출'은 불가능합니다.

그리고 죄 사함을 받는 것은 개인적인 문제에만 국한되지 않고 사회적 관계에서 새로운 창조적 관계를 이루어 가는 시금석이 됩니다. 주기도문에서 '우리가 우리에게 죄지은 자를 용서한 것같이 우리 죄를 용서해 주옵소서'라는 구절은, 가장 가깝고도 먼 이웃 용서하기를 거부하는 것은 예수의 사죄 능력이 역사하는 곳으로부터 이탈되는 삶임을 말해주고 있습니다. 로흐만은 "그리스도인에게 삶의 진실성과 참됨은 용서와 화해에서 결정된다"고 했습니다. 그리스도인이 이웃을 용서한다고 할 때, 이웃의 죄를 잊어버리거나 혹은 갈등을 억누르거나 숨기는 것이 아닙니다. 우리는 잊어버릴 수는 없습니다. 그러나 하나님께서 우리에게 약속하신 새로운 삶으로 나아가기 위해 용서할 수는 있습니다. 용서는 새로운 삶으로 나아가는 발걸음입니다.

역사의 현실에서 우리는 어떻게 새로운 출발을 할 수 있는가? 하고 묻는다면, 그 답은 용서입니다. 용서로 새로운 삶을 시작할 수 있습니다. 용서는 단절된 역사를 다시 진행시킵니다. 로흐만은 "그리스도인의 삶은 사함을 받는 데서 시작해서 사함을 향하여 사는 것이다"라고 말했습니다.

저는 빌리 브란트 서독 수상이 재임 시 폴란드를 방문해서 2차 대전 때 희생된 유대인의 묘지 앞에 무릎을 꿇고 사죄하는 장면을 보았습니다. 2차 대전 후 유럽의 역사가 다시 새로운 미래를 향해 나아갈 수 있었던 것은 서로 사죄와 용서가 있었기 때문입니다. 만약 그렇지 않았다면 유럽의 역사는 계속해서 악순환의 연속이었을 것입니다. 사죄와 용서는 역사에 되풀이되는 악순환의 고리를 끊습니다.

용서만이 비은혜의 사슬을 끊는다

1898년 미국 시카고의 한 노동자 계급 가정에서 10남매 중 여덟째로 태어난 데이지라는 여성이 있었습니다. 그녀의 아버지는 술주정뱅이로, 밖에서 술을 마시고 와서는 아직 어린 아기인 남동생과 여동생을 발로 방바닥 저쪽 끝까지 차 버리거나 어머니에게 행패를 부리곤 했습니다.

그때마다 어린 데이지는 방 한쪽 구석에 쪼그리고 앉아 온몸을 떨면서 마음 속으로 아버지를 증오했습니다. 어린 데이지는 아버지의 그러한 모습을 보면서, 자기는 절대 아버지와 같은 사람이 되지 않겠다고 굳게 다짐하곤 했습니다.

어느 날 아버지는 결국 어머니를 내쫓았습니다. 아이들은 집을 나가는 어머니의 뒷모습을 보면서 한없이 울었습니다. 그 후 형제들은 뿔뿔이 흩어졌습니다. 어느덧 세월이 흘러 데이지의 형제들은 결혼하여 가정을 갖게 되었습니다. 데이지도 결혼하여 여섯 아이의 어머니가 되었습니다.

데이지는 어린 시절 결심대로 아버지처럼 되지 않으려고 술은 한 방울도 입에 대지 않았습니다. 그러나 그는 아이들을 양육하면서 아이들의 작은 실수나 잘못을 발견했을 때 크게 놀라며 혹독하게 매질하거나 욕을 하곤 했습니다. 데이지는 아이들의 행동에서 조금이라도 그의 아버지의 모습이 비치면 소스라치게 놀라면서 그것을 받아들이지 못했습니다.

그의 딸 마가렛은 그런 어머니를 보면서 자기는 다음에 절대로 어머니처럼 되지 않겠다고 거듭거듭 결심했습니다. 마가렛 역시 자라서 결혼하여 네 자녀의 어머니가 되었습니다. 그러나 마가렛 역시 어머니와 마찬가지로 아이들의 작은 잘못이라도 발견하면 용서치 못하고 혹독하게 꾸짖거나 매질을 했습니다. 그녀는 아들 마이클이 그 연령의 다른 남자 아이들처럼 행동하는 것을 받아들일 수 없었습니다. 결국 마이클은 집을 나갔고, 대마초와 환각제에 빠져들게 되었습니다. 그는 세 번이나 결혼을 했지만 모두 실패했습니다.

데이지는 그의 아버지처럼 되지 않겠다고 했지만 그의 가문에서는 계속해서 아버지와 같은 삶이 대물림되었습니다. 결국 비은혜의 사슬은 끊어지지 않고 계속된 것입니다. 왜 데이지의 가문에서 그러한 비은혜의 사슬이 대물림될 수밖에 없었을까요? 답은 용서가 없었기 때문이라는 사실 외에는 없습니다.

사랑하는 여러분, 우리가 '죄를 사함받는 것을 믿습니다'라고 고백할 때, 그것은 '죄 용서만이 비은혜의 사슬을 끊고 새로운 삶을 만들어 갈 수 있다는 사실을 믿는다'는 의미입니다.

죄의 문제는 단순히 개인적인 문제만이 아닙니다. 사회적 문제이기도 합니다. 둘째아들이 아버지를 떠나 다른 지방으로 갔을 때, 그곳은 그가 계속해서 잘못된 삶으로 빠져들 수밖에 없는 환경이었습니다. 그는 거기서 희생자로서, 유혹자로서 함께 잘못된 삶에 참여했습니다.

오늘 우리가 살고 있는 현실도 마찬가지여서 우리는 유혹의 객체인 동시에 주체로서 함께 참여하고 있습니다. 그러나 예수의 삶, 그 중에서도 십자가와 부활은, 우리가 죄의 상황에 주저앉아 죄를 숭배하고 그 힘에 굴복하는 것을 거부하게 합니다. 예수 그리스도의 십자가와 부활은 무자비에 대한 사랑의 승리와 사탄의 권세에서 벗어남과 죄, 지옥, 죽음의 권세에 대한 극복을 의미합니다.

죄 사함은 이러한 것과 관련됩니다. 우리가 죄 사함을 받았다는 것을 믿는다는 고백은, 우리 인간의 미래가 죄의 권세 아래 계속 매여 살도록 닫혀 있는 게 아님을 고백하는 것입니다. 우리에게는 믿음과 소망, 사랑으로 살아갈 수 있는 새로운 피조물의 길이 열려 있습니다. 그것은 하나님이 우리에게 주신 약속입니다. 우리는 그 사실을 믿습니다.

이 장에서 함께 공부한 본문 고린도후서 5장 17절 말씀에 "그런즉 누구든지 그리스도 안에 있으면 새로운 피조물이라 이전 것은 지나갔으니 보라 새것이 되었도다"라고 했습니다. 바로 이 새로운 피조물로서의 삶은 죄를 사함받는 데서 시작되며, 사함을 지향해 가는 데서 완성됩니다.

복습을 위한 질문

1. 누가복음에 기록된 집 나간 아들의 비유가 현대인들에게 던지는 몇 가지 시사점은 무엇입니까?

2. 우리는 돌아온 아들을 용서하는 아버지의 모습에서 우리를 용서하시는 하나님의 모습을 볼 수 있습니다. 그러나 용서 이전에 선행되어야 하는 것은 무엇입니까?

3. 데이지 이야기를 읽고 느낀 점을 나누어 봅시다. 그리고 자신에게서 끊어져야 할 죄의 악순환은 무엇인지 함께 나누고 서로를 위해 기도하는 시간을 가지십시오.

15 몸이 다시 사는 것과 영원히 사는 것을 믿습니다

그러므로 너희가 그리스도와 함께 다시 살리심을 받았으면

위엣것을 찾으라 거기는 그리스도께서 하나님 우편에 앉아 계시느니라

위엣것을 생각하고 땅엣것을 생각지 말라

이는 너희가 죽었고 너희 생명이 그리스도와 함께 하나님 안에

감취었음이니라 우리 생명이신 그리스도께서 나타나실 그 때에

너희도 그와 함께 영광 중에 나타나리라

골로새서 3장 1-4절

마침내 사도신경의 마지막 진술에 도달했습니다. 이 장에서는 사도신경의 마지막 진술인 '몸이 다시 사는 것과 영원히 사는' 문제를 살펴보겠습니다. 이 진술은 우리 인간이나 예수 그리스도와 관련되지 않고서는 불가능한 고백입니다. 이러한 희망적인 고백은 어디까지나 예수 그리스도 안에서만 가능합니다. 그러나 이것은 단지 고백의 차원에서 끝나는 것이 아닙니다. 그리스도 안에서 열린 새로운 운명에 대한 약속이기 때문에 그 실재가 반드시 있다는 것을 믿음으로 고백하는 것입니다.

그리스도 안에서 생을 보는 관점

우리 삶의 가치는 그리스도 안에 있을 때와 그리스도 밖에 있을 때가 너무나 다릅니다. '나'라는 한 인간의 존재는 변함이 없지만,

'나'라는 한 인간의 가치는 그리스도 안에 있을 때와 밖에 있을 때 큰 차이가 있습니다.

'그리스도 안'이라는 말은, 괄호 안에 있는 수의 값어치를 바꾸는 괄호 밖의 기호에 비유할 수 있습니다. '나'라는 한 인간은 유한한 존재로서 괄호 안에 있는 어떤 수와 같습니다. 그러나 그 괄호 앞에 어떤 기호를 붙이느냐에 따라 괄호 안에 있는 수의 값어치가 달라집니다. 그와 같이 '나'라는 유한한 한 인간 존재의 가치는 그리스도 안이냐 밖이냐에 따라 큰 차이가 있게 됩니다.

사도신경의 이 마지막 진술은 우리가 그리스도 안에서 생을 바라보는 관점입니다. 우리가 그리스도 안에서 본 생의 전망은 죽어 무덤에 들어가서 썩어 없어지는 것이 아닙니다. 그리스도 안에서 본 생의 미래는 하나님과 함께 영원한 친교 가운데 있는 희망적인 미래입니다. 그래서 사도신경을 고백하는 사람에게는 언제나 미래가 열려 있습니다. 이 세상에서 살아갈 때 무덤만 보고 살아가는 사람과 무덤 저편 영원한 생을 바라보며 살아가는 사람과는 너무나 큰 차이가 있습니다.

아프리카의 어느 부족을 거느리고 있는 추장이 병으로 자신의 운명이 점점 다해 감을 알고, 어느 날 세 아들을 불렀습니다. 그리고 추장은 그들에게 과제를 내주었습니다.

"얘들아, 우리가 살고 있는 이곳에서 멀리 바라다보이는 저 산이 있지 않느냐. 너희들은 그 산에 올라가 자신이 생각하기에 가장 소중한 것을 한 가지씩 가지고 오너라."

세 아들은 아버지의 명을 받아 각기 아침 일찍 집을 떠나 산에 올 랐다가 저녁 해가 거의 다 질 무렵 아버지께 돌아왔습니다.

아버지는 첫째아들에게 물었습니다.

"너는 무엇을 가지고 왔느냐?"

"네, 아버지. 저는 산에서 아주 신기한 돌을 발견하고 그것을 가져 왔습니다."

아들은 돌을 아버지 앞에 내놓았습니다.

"그래, 그것 참 신기하구나."

아버지는 말했습니다. 그리고는 둘째아들에게 물었습니다.

"너는 무엇을 발견했느냐?"

"네, 저는 이 평지에서는 볼 수 없는 신기한 식물을 발견하고 그것 을 가져왔습니다."

아버지는 둘째아들이 가져온 식물을 받았습니다.

마지막으로 셋째아들에게 "너는 무엇을 발견했느냐?"고 물었습니 다. 그러자 셋째아들은 매우 송구스러워하며 아버지께 말했습니다.

"아버지, 저는 산에서 아무것도 찾지 못했습니다. 그러나 저는 한 가지 보고 온 것이 있습니다."

아버지는 아들에게 그것이 무엇이냐고 물었고, 셋째아들의 대답 이 이어졌습니다.

"아버지, 저는 저 멀리 보이는 산꼭대기에 올라가서야 비로소 산 너머를 볼 수 있었습니다. 그 산 너머에는 우리가 살고 있는 이곳과 비교할 수 없는 광활하고 비옥한 초원이 펼쳐져 있었습니다. 아버지, 우리가 살고 있는 이곳은 너무 좁습니다. 우리 부족이 그곳으로 옮겨 살지 않는 한 우리에게는 희망이 없습니다."

그때 아버지는 셋째아들의 손을 꼭 붙잡고 이렇게 말했습니다.

"그렇다! 네가 바르게 보았다. 아들아! 너에게 우리 부족을 맡기겠다."

죽음을 넘어서기 : 영혼불멸이냐 부활이냐

인간은 누구나 이 세상에 유한한 존재로 태어납니다. 그 유한성은 타고난 운명이지만 가변성이 있습니다. 유한성 그 자체로 끝날 수도 있고, 그것을 훨씬 넘어서 영원한 지평으로 이어질 수도 있습니다. 그런데 인간은 그리스도 안에 있게 될 때 그 유한의 장벽을 넘어 영원한 삶을 약속받게 됩니다.

인류의 정신사에서 인간의 죽음이라는 유한성을 넘는 데 대한 두 가지 견해가 있습니다. 하나는 고대 사회로부터 내려오는 '영혼불멸'이고, 다른 하나는 성서에 근거한 '죽은 자의 부활'입니다.

전자는 인간에게 불멸의 요소인 영혼이 있다고 믿는 것입니다. 그들은 영혼은 인간이 태어나기 전에 이미 있다가 인간이 태어나면서 인간의 몸에 갇혀 있다고 말합니다. 그러다 인간이 죽으면 감옥과 같은 몸에서 분리되어 자유롭게 된다고 믿는 것입니다. 이러한 믿음에서는 인간의 생을 전생, 이승, 내생으로 나눕니다. 이러한 견해에서는 인간의 육체는 감옥과 같은 것입니다.

다른 한편 후자인 '죽은 자의 부활'은 영혼불멸이 아닙니다. 저는 어린 시절 '영혼불멸'에 대한 이야기를 많이 들었습니다. 인간의 육체는 결국 흙으로 다 돌아가며, 오직 영혼만이 영구하다는 것입니다. 그래서 영혼이 구원받도록 힘써야 하는데, 그러기 위해서는 생전에 좋은 일을 많이 해야 한다는 것입니다.

사도신경의 마지막 진술에서는 '영혼불멸'을 말하지 않습니다. 사도신경은 '죽은 자의 부활'을 말하고 있습니다. 성서적 관점에서 죽음은 하나님과의 관계 단절이요, 생명은 하나님과 화해 가운데 있는 것입니다. '죽은 자의 부활'은, 우리의 삶이 죽음으로 폐기되지 않고 하나님에 의해 새로운 삶으로 창조된다는 믿음의 확신입니다.

사도신경에서는 우리의 육체가 살 것을 믿는다 하지 않고, '몸이 다시 살 것을 믿는다'고 말함으로 우리의 통속적인 삶에 대한 이해를 바꾸어 놓습니다. 성서적 관점으로 보면 우리의 영은 하나님께서 우리에게 주신 선물인데 불멸하는 것은 아닙니다. 그러나 이 영혼은 생명의 근원이신 하나님에 의해 보존됩니다. 그리고 영은 각기 자신의 몸을 갖게 됩니다. 우리의 몸은 영혼을 가두는 감옥이 아니라 영의 형체입니다. 영은 구체적인 관계를 형성합니다. 그 관계는 자기 자신, 이웃, 자연 그리고 하나님과의 관계입니다. 이러한 관계 가운데서 하나의 인격을 형성해 갑니다.

이렇게 몸으로 형성되어 가는 삶이 죽음을 끝으로 모두 폐기처분되는 것이 아닙니다. 비록 육체(살과 뼈)는 없어져도 그리스도 안에서 그와는 다른 차원의 몸으로 바뀌어 영원한 교제의 삶으로 들어가게 됩니다. 그 영원한 교제의 삶에는 눈물, 한숨, 질병, 고통, 죽음이 없습니다. 그것은 오직 사랑 안에서 누리는 영원한 삶입니다.

사도신경에서 고백하는 부활의 삶은 누가 지어낸 것이 아닙니다. 그리스도께서 부활하신 후 그의 제자들이 부활하신 예수에게서 듣고, 보고 경험한 것입니다. 예수께서 십자가에서 죽으신 후 그를 따르던 제자들은 예수의 삶이 끝났다고 생각했습니다. 그러나 예수께서 사흘 만에 무덤의 권세를 깨뜨리고 부활하셨습니다. 제자들은 죽음으로도 손상되거나 폐기되지 않는, 시공을 초월한 영원 가운데 있는 예수의 부활의 몸, 부활의 삶을 목격했습니다.

부활하신 예수의 모습은 형체 없이 여기저기 떠다니는 유령과 같은 실체가 아니었습니다. 그는 분명히 몸을 가진 한 분의 인격이었습니다. 그러나 그의 몸은 다른 몸이었습니다. 비록 그의 옆구리에 창에 찔린 자국이 있고, 손과 발에 못 자국이 있었지만 그것들은 조금도 장애가 되지 않았습니다.

성서에서 증언하는 부활의 몸은 하나님 앞에 서게 되는 몸입니다. 그때의 몸은 그리스도 안에서 하나님과 온전히 화해되고, 용서받아 치유되고 보상된 몸입니다.

제가 어린 시절에 들은 이야기들 가운데 기억하고 있는 것은 "기독교인은 교통 사고나 수술 도중 사망했을 때 화장을 하면 안 된다"는 것입니다. 이유인즉 부활할 때 육체가 다시 살아나기 때문에 손상 입은 육체는 그때에도 손상된 것으로 나타난다는 것입니다. 이러한 상상적인 이야기들이 전적으로 허무맹랑한 것은 아닙니다. 그러나 사도신경에서 말하는 몸의 부활은 그러한 의미가 아닙니다.

이 세상에서 평생을 장애인으로 살던 사람이 부활 후에는 그가 이 세상에서 장애인이었기 때문에 당한 고통, 결핍, 아픔이 치유되고 보상받기 때문에, 이 세상에서와 다른 온전한 몸을 가진 인격으로 하나님 앞에 섭니다. 그에게는 한(恨), 증오, 적대감, 슬픔, 후회, 두려움 같은 것이 없습니다. 그는 오직 사랑 가운데 있게 됩니다. 그에게는 충만, 기쁨, 희망이 있을 뿐입니다.

사도신경의 마지막 진술은 이러한 희망적인 미래에 대해 확신하는 믿음의 고백입니다. 희망찬 미래는 하나님께서 그리스도를 통해 우리에게 주신 약속입니다. 우리는 그 약속을 성취해 가며 살아가고 있습니다.

우리가 그리스도 안에 거할 때 우리 생의 과거, 현재, 미래가 어떻게 달라지는지, 사도 바울은 골로새서 3장에서 이렇게 말합니다.

"이는 너희가 죽었고 너희 생명이 그리스도와 함께 하나님 안에 감추어졌음이니라"(3절).

"너희가 그리스도와 함께 다시 살리심을 받았으면 위엣것을 찾으라 거기는 그리스도께서 하나님 우편에 앉아 계시느니라 위엣것을 생각하고 땅엣것을 생각지 말라"(1, 2절).

"우리 생명이신 그리스도께서 나타나실 그 때에 너희도 그와 함께 영광 중에 나타나리라"(4절).

죽음을 바라보며

우리의 생은 이 현실의 생이 마지막이 아닙니다. 우리의 생은 죽음을 끝으로 모두 폐기되는 것이 아닙니다. 우리는 영원하신 하나님 앞에 또 다른 몸을 가진 인격으로 서게 됩니다. 우리가 하나님 앞에 서게 될 때 우리의 일생이 그분 앞에 그대로 다 드러나게 됩니다. 우리의 지나온 생은 실패, 결핍, 수치감, 상처 등으로 얼룩진 생 그 자체입니다. 그러나 우리가 하나님 앞에 설 때에는 하나님의 은혜 가운데서 이미 용서받고, 치유되고, 보상된 생으로 서게 됩니다. 우리는 그러한 사실을 예수의 부활하신 몸에서 보게 됩니다. 부활하신 후 예수의 몸에 그대로 남아 있는 창 자국, 못 자국은 바로 그러한 사실을 의미합니다.

예수의 몸에 있는 상처는 우리가 살아온 지난날의 어두운 현실입니다. 그것이 하나도 없어지지 않고 그대로 드러납니다. 그러나 그것이 우리에게 수치감, 좌절, 후회를 주는 것이 아니라, 모두 용납되고 치유된 삶에서 지나온 삶을 보기 때문에 아무런 문제가 되지 않습니다. 오히려 거기에는 찬송, 감사, 환희, 기쁨, 사랑만이 있습니다.

계시록에서는 실패한 인간들이 그리스도 안에서 맞이하는 영원한 삶에는 눈물, 사망, 애통, 곡하는 것, 아픈 것이 다시 있지 않다(계 21:4)고 했습니다. 그것은 우리의 도덕적인 의와 공적과 자기 실현으로 이루어지는 것이 아닙니다. 오직 하나님의 은혜로 이루어집니다.

영원히 산다는 것은 우리가 그리스도 안에서 하나님과 영원한 교제 가운데 사는 것을 의미합니다. 그 교제는 사랑 그 자체입니다.

사랑하는 여러분, 몸이 없는 영이 있을 수 없고, 영이 없는 몸도 불가능합니다. 몸은 영의 형체요, 영은 구체적인 몸을 형성해 갑니다. 그러나 부활 후의 몸은 부활 전의 몸과 다른, 하나님과 영원한 교제 가운데 있는 몸, 썩지 아니할 것으로 되어 있는 몸입니다.

우리는 몸이 다시 사는 것과 영원히 사는 것을 믿습니다. 그리스도 안에서 이루어진 새로운 피조물의 삶은 죽음도 폐기하지 못합니다. 하나님의 사랑 안에 있는 삶은 어떤 피조물도 와해시킬 수 없습니다. 영원 가운데 있는 우리의 삶은 시집도, 장가도 가지 않습니다. 그러나 우리에게 부족함이 없습니다.

조 만나스의 '죽음을 바라보며'라는 기도문을 함께 읽는 것으로 이 장을 마칩니다.

제게 손을 놓는 법을 가르쳐 주십시오.

이승의 삶을

부여잡으려는

저의 환상과

두려움과 집착과 열망을

당신은 너무나 잘 알고 계십니다.

저는 믿습니다

당신께서 보시기에 가장 좋을 때

당신께서 저를 부르실 것이라는 것을.
저는 믿습니다
당신 사랑이 제가 미처 끌어안을 수 없는 기쁨을
제게 마련하시리라는 것을.

저는 알고 있습니다
당신께서 저의 모든 잘못들을 용서하시리라는 것을.

그런데, 그런데 아직도
부서진 장난감을 손에서 놓지 못하는 아이처럼
저는 손을 놓기를 주저하고 있습니다.
알지 못하고 낯선 까닭에 무섭습니다.
당신이 제게 빛을 약속하신 그곳에서
저는 단지 어두움만을 바라봅니다.

참 삶이 시작되는 그곳에서
저는 단지 삶의 끝장만을 바라봅니다.

당신은 저의 인간적인 집착을 이해하십니다
저의 불완전한 감각을 이해하십니다
저를 지으시고 자라게 하신 분은 바로 당신이시기에.
제게 느낌과 환상을 주신 분도 바로 당신이시기에.

당신은 보고 계십니다

제가 붙잡혀서, 이끌려서

제가 알지 못하는 길을 따라 걸어가야 함을.

저의 기력은 스러지고

저의 총명도 소용이 없습니다.

저를 사랑하는 사람들도 저와 함께 갈 수 없습니다.

당신만이, 오로지 당신만이

끝없는 사랑이시기에

늘 그러하셨듯이 제 곁에 함께 계실 것입니다.

인생이라는 고독한 여정의 황혼에서.

당신께서 저를 붙잡으시고

저를 이끄시며,

저를 받아들이시고

저의 부서진 형체를 다시 맞추실 것입니다.

저는 아무런 비밀이 없습니다.

두려움이나 부족한 답변을 감추지 않습니다.

이상하게도

약함과 힘없음과 두려움이

당신 앞에서는 아무 문제가 아닙니다.

아무것도 부인할 필요가 없습니다.

저는 다시 태어나기를 원합니다

당신 팔 안에 잠들기를 원합니다

그리하여, 영원한 빛 안에서 깨어나기를.

저는 알지도 이해하지도 못합니다.

그러나 하나님, 무한히 자비하신 나의 하나님,

저는 믿습니다

사랑이 모든 것을 할 수 있다는 것을.

눈이 볼 수 없고

귀가 듣지 못하는 것을

당신께서 죽음 너머에 저를 위해 마련해 놓으신 것을.

당신 이름 안에

저는 내어놓습니다, 생의 남은 시간을.

가장 좋은 것은 아직 오지 않았다는 것을 알고 있기에.

여기 대령하였나이다.

저의 마지막 여정에 내내 함께하여 주십시오

그리고, 저를 데려가 주십시오

영원히 당신과 함께 머무를 집으로.

복습을 위한 질문

1. 예수 그리스도 안에서 스스로 가장 크게 변화되었다고 느끼는 '나'의 존재 가치와 생의 관점은 무엇입니까?

2. 인간의 죽음 이후에 대해 '영혼불멸'과 '죽은 자의 부활' 두 가지 견해가 있습니다. 사도신경의 진술은 어느 것을 말하며 그 내용은 무엇입니까?

3. 인간은 죽음 이후 하나님 앞에서 온갖 상처로 얼룩진 자신의 일생이 치유되는 은혜를 맛볼 것입니다. 이 사실은 죽음이 우리를 위협하는 존재가 아니라 하나님의 선물임을 말해 줍니다. 죽음에 대한 자신의 생각과, 죽음을 어떻게 맞이하기 원하는지를 나누어 봅시다.

2주 동안 배우는 사도신경 학교

Two-Weeks School for the Apostles' Creed

지은이 임영수
펴낸곳 주식회사 홍성사
펴낸이 정애주
국효숙 김의연 김준표 박혜란 손상범
송민규 오민택 임영주 차길환 허은

2001. 9. 13. 초판 발행   2022. 2. 22. 9쇄 발행

등록번호 제1-499호 1977. 8. 1
주소 (04084) 서울시 마포구 양화진4길 3   전화 02) 333-5161   팩스 02) 333-5165
홈페이지 hongsungsa.com   이메일 hsbooks@hongsungsa.com   페이스북 facebook.com/hongsungsa
양화진책방 02) 333-5163

ⓒ 임영수, 2001

ISBN 978-89-365-0186-0 (03230)